청년
에게
고함

130여 년 전
한 아나키스트가
건네는 외침

AUX
JEUNES
GENS

청년
에게
고함

P. A. 크로포트킨 지음
홍세화 옮김
하승우 해설

낮은산

차례

130여 년 전 호소를
청년에게 건네며

홍세화

젊은 벗에게

　풍문으로만 듣던, 크로포트킨이 프랑스어로 쓴 이 문건을 한국어로 번역하게 되었을 때, 나에게는 어떤 '운명적인 만남'이라는 느낌이 없지 않았다. 내 아버지는 크로포트킨을 어떻게 읽었을까. 1920년 식민지 땅에 태어난 아버지는 아나키스트였다. 평화주의자 아나키스트답게 첫아들의 이름을 세계평화를 줄여 '세화'라고 지었던…….

　내 아버지는 거의 틀림없이 이 문건을 일본어 번역본으로 읽었을 것이다. 19세기까지 러시아 지식인에게 프랑스어는 필수에 속했다. 1917년 혁명이 일어나기 전까지 러시아의 외교문서가 러시아어가 아닌 프랑스어로 되어 있을 정도였으니까. 그렇게 러시아인이 프랑스어로 쓴 문건을 아버지는 식민 모국어인 일본어로 읽었고, 아들은 그것을 한국어로 번역하게 된 것이다. 그러니까 내가 어쭙잖게 말한 '운명적인 만남'은 러시아, 프랑스, 일본, 한국, 식민지, 망명으로 연결된 셈이다.

한때 세계의 젊은이가 함께 불렀던 노래 〈이매진〉이 꿈꾸었던 것과는 달리, 오늘날 국가 권력은 소멸되기는커녕 더욱 강화되고 있다. 권력은 금력처럼 그 자체에 힘이 있다. 그리고 이 둘은 신자유주의 아래 더욱 강력해지고 있다. 모든 강권적 억압에서 벗어난 자유인이 자발적으로 연대하는 코뮌 사회를 꿈꾸었던 아나키스트는 모든 곳에서 패배했고, 오늘날에는 명맥조차 유지하지 못하고 있다.

어쩌면 오늘의 인간 단계에서 아나키스트가 궤멸하는 것은 당연한 귀결인지 모른다. 본디 아나키즘은 인간을 위하고 사회를 보듬겠다는 목적으로 창안된 이념이다. 그런데 이 이념의 실현을 위해 권력을 장악해야 한다고 주장되었고, 이 주장은 폭넓게 받아들여졌던 것이다. 가령 마오쩌둥의 "권력은 총구에서 나온다."라는 말은 국가 권력을 실제로 장악한 인물의 발언이라는 점에서 부정되거나 비판받을 여지가 없었다. 총구에 기대어 실현 가능한 이념이란, 이미 인간을 위하고 사회를 보듬겠다는 본디의 목적에서 벗어나 인간과 사회에 대한 배반을 예정하고 있는 것인지도 모른다.

어쩌면 아나키즘은 인간의 진화 단계에 비추어 봤을 때 너무 일찍 세상에 나온 것인지도 모른다. 만물의 영장이며 진보했다는 인간이지만 여전히 전쟁을 벌이고 있는 것을 보면, 오늘의 인간

〈Strike〉, 1906년, Boris Kustodiev

아나키스트는 모든 강권적 억압에서 벗어난
자유인이 자발적으로 연대하는 코뮌 사회를 꿈꾸었다.

은 언제 전쟁을 멈출 것인지에 대한 성찰에서 칸트가 영구평화론을 썼던 1795년에 비해 퇴보했다고 말하면 지나친 해석일까.

내 아버지는 식민지와 분단, 전쟁의 거친 회오리바람 속에서 패배자의 삶을 살았다. 오래 사는 것도 성공한 삶의 한 예라고 한다면, 아버지는 남보다 오래 살아남는 일에서만 유일하게 패배하지 않았다. 지금 94세의 나이에 망상과 현실 사이를 구분하지 못해 아나키스트였던 젊은 시절의 증거물인 아들 이름조차 잘 기억하지 못한다.

책 소개를 한다면서 엉뚱한 얘기를 시작한 것은, 그래서 이 점에 대해 미리 독자의 양해를 구하고 싶은 것은, 최근에 읽은 미셸 라공의 역사 소설 《패자의 기억》과 함께 호스피스 병원에 누워 계신 아버지 모습이 자꾸만 다가오기 때문이다.

〈청년에게 고함〉이라는 문건은 그러니까 한 세기도 훨씬 전에, 이젠 패배한 삶으로 드러났고 현실적 추종 세력도 거의 남아 있지 않은 과거의 인물이 당시 청년들에게 던진 발언이다. 그런데 과연 지금 이 땅의 청년 중에 누가 이 발언에 관심을 가지겠는가. 더욱이 크로포트킨이 살았던 격동의 시대나 이 책을 일역본으로 읽으면서 젊은 정신이 흔들리는 것을 경험했을 내 아버지와는 전혀 다른 시대를 살아가는 지금의 젊은이에게 이 문건이 도 대체 무슨 의미로 다가갈 수 있을 것인가.

나는 이 시대의 청년에게 그럴듯한 길을 제시할 자격이나 능 력을 지닌 사람이 아니다. 젊은 시절, 장교가 되지 않고 사병으 로 남겠다고 스스로 다짐했는데, 이 다짐에 한해서만 나는 실패 하지 않았다. 세속적인 기준에서 보면 실패한 사람에 불과하다. 내가 장교 되기를 거부한 이유는 "실제 전투는 주로 사병이 하는 것"이라는 데 있었다. 여기서 말하는 장교 또는 사병은 직업 군인 을 뜻하는 것이 아니다. 사회 어느 부문에서든 장교는 나이를 먹 으면 진급하는데 사병은 나이를 먹어도 사병으로 남는다는 의미 에서 장교가 되기를 거부하고 사병으로 남겠다는 뜻을 품었던 것이다.

그래서 예순 중반을 넘긴 세월을 살아오는 동안 '출세'는커녕 불안정한 삶을 줄곧 살아왔다. 스스로 '철들기를 거부'한다는 말 도 삶의 기반을 제대로 갖춘 기성세대 관점에서 보면 한낱 현실 부적응자의 넋두리에 불과할 수 있다. 결코 행복했다거나, 충만 했던 삶이라고도 할 수 없다.

하지만 한 가지는 분명하다. 후회라는 상투적인 언어로 표현 하는 것을 거부한다는 점이다. 이를테면, 나는 부단히 기억과의 전쟁을 치르고 있는 셈이다. '스스로에게 말해 봐. 네 젊음을 가지고 뭘 했니?'라고 묻는.

뭘 했니, 여기 이렇게 있는 너는,

울고만 있는 너는,

말해 봐, 뭘 했니? 여기 이렇게 있는 너는,

네 젊음을 가지고 뭘 했니?

— 폴 베를렌느의 시 〈하늘은 지붕 위로〉의 마지막 연

무엇이 젊음인가. 크로포트킨은 이 문건의 처음부터 단서를 달았다. 마음과 정신이 이미 늙어 버린 이는 자신의 글을 읽는 수고를 할 필요가 없다고. 오늘날에는 젊은이에게 위안을 주거나 용기를 주는 책이 쏟아져 나온다. 그런 책만이 잘 팔리기 때문이기도 하겠지만, 한편 이 시대 젊음이 겪어야 하는 삶의 현실이 그만큼 혹독하다는 뜻이기도 할 것이다. 그러나 단지 아픔과 고통을 겪는다는 이유만으로 젊은 시절을 이해한다고 말하기는 어려울 것이다.

톨스토이가 말년에 던진 질문인 "당신에게 가장 소중한 시간은 언제인가?"에 대한 답을 모를 사람은 없다. "바로 지금이다." 그런데 불안한 미래 때문에 가장 소중한 지금을 온통 저당잡혀

야 하는 젊음이어서 아프고 고통스럽기만 할 뿐이라면, 그것은 젊음을 이미 상실했다는 뜻 아닐까? 불안의 실체가 무엇인지, 아픔의 실체가 무엇인지 분석하고 거기에 당당히 대면하려는 노력을 기울이지 않는다면, 그래서 나를 둘러싼 상황의 포로가 되는 대신 그 상황과 긴장 관계를 유지하면서 자신을 형성해 나가겠다는 의지가 없다면, 다시 말해 나라는 존재를 어떤 존재로 만들 것인지의 자유를 누리려는 의지가 없다면, 크로포트킨이 말한 "마음과 정신이 이미 늙어 버린" 것이 아니겠는가.

늙는다는 말을 좋아할 사람은 아무도 없다. 누구나 자신보다 젊은 나이를 부러워한다. 그럼에도 막상 10대로, 20대로 되돌아가길 바라느냐 물으면 대답이 그리 쉽지만은 않을 것이다. 이 모순을 이해하는 것은 그리 어려운 일이 아니다. 젊음이 겪어 내야 하는 방황과 번민의 실상을 조금만 떠올려 봐도 그것은 호락호락한 일이 아니다. 그것은 오늘의 안정을 포기하고 내일의 모험과 불안을 선택하는 용기만큼이나 어려운 일이다.

그럼에도 쳇바퀴 도는 바쁜 일상 속에서 어느 날 불현듯 천장을 바라보며 '이게 맞는 건가?' 하고 고민하는 밤이나, '과연 이런 식으로 사는 게 최선인가?' 하고 갈등하는 밤이 없다면 젊음이라고 말하기 어려울 것이다. 고민과 갈등은 존재의 미완성 단계가 보이는 당연한 모습이기 때문이다.

사람은 죽는 순간까지 존재의 완성 단계에 이를 수 없지만 대부분의 사람은 이미 존재의 완성 단계에 이른 양 살아간다. 늙은 것이다. 젊은이조차 충분히 늙어 버린 것이다. 그렇지 않고 아직 젊다면, 한 번밖에 오지 않으며 되돌릴 수 없는 삶이 소중하다면, 그 삶을 어떻게 만들 것인지 부단히 질문을 던져야 할 것이다. 그 질문을 나는 가령 "나는 나다."라고 그악스럽게 말하는 사회에 맞서 "너는 나다."라고 말하는 사회를 고민하는 것과 관련되기를 바란다.

그런 고민을 가진 젊은이에게 당부하려는 것이다. 크로포트킨이 남긴 이 문건을 차근차근 읽기를. 눈으로 건성건성 읽지 말고 가슴으로 차분하게 읽기를. 가슴으로 차분하게 읽는 이에게 130여 년이라는 시간 차는 오히려 세상이 그 시간과 함께 날려 버린 신선함을 줄 것이다. 그대가 만약 오늘날 사람들이 안락과 풍요로움을 뒤좇다가 놓쳐 버린 고결함과 섬세함을 아쉬워할 줄 안다면, 그런 고결하고 섬세한 인간의 목소리에 귀 기울이게 될 것이다.

가령 "그동안 쌓아 올린 지성이나 능력과 학식을 활용하여 오늘날 비참과 무지의 나락에 떨어져 신음하는 사람들을 도울 날

14

을 꿈꾸지 않는다면, 그것은 악덕으로 타락한 탓이라고 말하지 않을 수 없습니다."라는 말은 그대에게 어떻게 다가오는가. 시대에 따라 전쟁의 참상이 다른 모습을 보이지만 전쟁 자체는 사라지지 않듯이, 사회의 모순과 편견, 불평등과 부조리가 낳는 인간의 고통과 불행과 비참함은 그 모습만 달리할 뿐 사라지지 않는다. 결국 중요한 것은 시대 상황의 차이에 놓여 있지 않고 거기에 어떻게 대응하는가에 있다.

더구나 자본주의 체제라는 점은 그대로일 때, 이 체제 안에서 규율되고 작동하는 법이나 제도의 근본적인 성질은 크게 달라지지 않는다. 가령 "법이란 애당초 힘센 자의 권리였으며 인류에게 피로 물든 역사로 대물림된 압제에 언제나 봉헌해 왔"다는 크로포트킨의 말을 오늘날 손배 가압류로 노동자들과 노동 운동의 숨통을 조이고 있는 21세기 한국의 "기울어진 저울"은 어떻게 부인할 것인가.

"나는 나다."라고 말하는 사회에 맞서 "너는 나다."라고 말하는 사회를 고민한다면, 그래서 인간은 이기적 유전자를 가진 동물인가 또는 인간은 신뢰할 만한 존재인가를 묻는다면, 크로포트킨은 우리가 꼭 만나야 할 사람 중의 하나이다. 크로포트킨의 사상은 오늘날 우리 앞에 드리워져 있다. 너를 잃어버린 나의 의식에서는 실종되었지만, 너와 내가 함께 묶여 있는 현실에서는 되살아나야 할 것으로서.

우리 인류는 어디로 가고 있는가. 신자유주의와 무한 경쟁 속에서 극소수를 제외한 다수가 낙오하고 희망을 잃어 가는 오늘날, 우리는 어떤 대응도 포기하고 주어진 운명에 우리의 미래를 그냥 맡기기만 할 것인가. 그렇지 않다! 이 같은 패배주의에서 벗어나 새로운 활로를 모색하고 새로운 가능성을 찾아 나서야 한다. 한 세기도 더 전의 크로포트킨이 지금 우리에게 요구하는 것은 바로 이런 결단이다.

진보와 혁명, 한때 청년의 가슴을 뜨겁게 달궜던 이 단어들은 어느덧 케케묵은 낡은 의미가 돼 버렸다. 혼신의 힘을 바쳐 조금 더 살 만한 세상, 모두가 평등하게 삶을 누릴 수 있는 사회를 만들겠다는 열정은 어느덧 불가능한 공상으로 치부되고, 어느 때부터인가 더 이상 과거를, 자신의 역사조차 되돌아보지 않게 되었다. 물론 여전히 자신이 진보주의자라고 외치는 사람들이 있지만 그 진보는 '그들만의 리그'에서나 통용되는 얘기일 뿐 대중의 가슴을 파고들지 못한다.

오늘 파국을 넘어 거의 절멸 상태에 이른 한국의 진보 진영에게 이 문건에 담긴 크로포트킨의 발언은 의미심장하게 다가오지 않는가. "때때로 북소리와 바리케이드를 꿈꾸는 젊은이가 다가오기도 합니다. 그는 센세이션을 일으키는 장면에 이끌려 왔지만, 바리케이드의 길이 아주 멀고 일은 아주 고될 뿐이며 정복하겠다고 꿈꾼 월계관의 길이 실은 가시밭길임을 알아차리면 곧 민중의 대의를 저버리고 말 것입니다. 그들 가운데는 개인적 욕망을 충족시키려는 야망가가 적지 않은데, 그들은 그 개인적 욕망을 충족시키려는 앞선 시도들이 실패하자 민중의 표를 얻어 그걸 이루려는 것입니다."

우리에게 "계란으로 바위 치기"라는 속담이 있다면, 크로포트킨 당시 러시아에는 "자기 이마로 돌담을 부수는 사람은 아무도 없다."라는 속담이 널리 퍼져 있었다. 그래서일까, 사회의 모순을 목격하고도 눈을 돌리는 지식인이 대다수였다. 그나마 비판적인 지식인도 자신을 따르라고 외칠 뿐 대중 속에서 그들과 함께 나아가려 하지 않았다. 〈청년에게 고함〉은 이런 상황 속에서 쓰인 것이다.

그가 (숙련)노동자가 될 젊은이들에 앞서 유복한 집안에서 태어나 학문을 공부할 수 있어서 의사를 비롯한 과학자, 또는 법률가, 교사, 문필가나 예술인의 길을 가려는 젊은이들에게 먼저 말을 건 것은 크로포트킨 자신이 그러했듯이 '대중 속에서' '대중과 함께' "가진 자들과 힘 있는 자들이 민중의 요구에 반해 자기

만의 특권처럼 변질시킨 자유들을 쟁취하려고 분연히 일어설 것"을 당부하기 위해서였을 것이다. 오늘 투쟁이란 말이 쉽게 말해지기도 하지만, 그 투쟁의 어느 지점까지 가 보았는지에 따라 실제로 투쟁이라는 게 얼마나 지난한 것인지 헤아릴 수 있다. 크로포트킨이 "얼마나 끈질긴 노력인가요! 얼마나 쉼 없는 투쟁인가요! 얼마나 다시 또 일어나 시작해야 하는 일인가요!"라고 말했듯이.

오늘을 사는 젊은이들에게 나는 이 문건과 더불어 크로포트킨의 자전적 기록《한 혁명가의 회상》을 소개하고 싶다. 이 자서전은 1899년 그가 망명지 런던에서 펴낸 57년 동안의 삶에 대한 회고록이다. 세계 5대 자서전으로 꼽히는 이 책의 미덕은 자신을 내세우지 않는 겸손함이며 동시대(인)에 대한 충실함이다. 덴마크 작가 게오르그 브란데스가 이 자서전에 붙인 서문에서 "이 사람보다 청렴하고 인류를 사랑한 사람은 없었다."라고 썼듯이. 그 삶의 기록은 19세기 유럽 노동 운동사는 물론이고, 그가 살았던 시대의 러시아 역사까지를 모두 담은 일종의 체험적 역사서라고 할 수 있다.

이 책은 1980년대 중반 처음 국내에 번역 출간되었지만, 마르크스·레닌주의의 '신성한 지위'가 무너진 지금 상황에서, 특히 신자유주의적 자본주의의 모순이 인간의 삶을 철저히 파괴하고 원자화하는 현실 속에서 사뭇 다른 의미로 읽힐 수 있을 것이다. 서두에 소개한 미셸 라공의 역사 소설《패자의 기억》과 함께 읽기를 권한다.

크로포트킨에게 국가는 "모든 악의 근원"이었고, 혁명은 민중을 억압할 수밖에 없는 국가나 정부를 철폐하는 것이어야 했다. 더구나 마르크스 진영이 주장한 '혁명적 독재'는 "민중의 자유를 억압하는 것 말고는 아무런 쓸모가 없는 낡은 권력 장치"일 뿐이다. "혁명은 단순히 지배자를 교체하는 것이 아니다. 인민에 의한 모든 사회적 재부의 수용이다. 인간성 발전을 오랫동안 저해한 모든 폭력의 폐지다." 크로포트킨은 인민의 자발적 연대와 협동에 기초한 "국가 없는 자유 코뮌"의 건설을 혁명의 목표로 제시했고, 이와 같은 그의 사상은 '아나코-코뮌주의anarcho-communism'로 요약된다.

러시아 귀족 집안에서 태어나 출세와 안락한 삶을 보장받았던 그는 29살 때 귀족 세습권을 포기하고 만인의 자유와 평등을 위한 사회 혁명의 길로 들어섰다. 그는 19세기 말 바쿠닌에 이어 아나키즘 운동의 지도자로서 광범위한 학식과 풍부한 경험을 살려 아나키즘 사상의 건축물을 세운 사람으로 평가받는다. 젊은 시절부터 지리학과 동물학 분야에서 학자적 재능을 유감없이 발휘한 그는 사회변화를 추구하는 데서도 과학적 탐구 정신을 잃지 않았다. 〈청년에게 고함〉에서 그가 "학문의 즐거움을 만끽하십시오. 이 즐거움은 모두를 위한 것이니까요!"라고 힘 있게 말할 수 있는 것은 젊은 시절부터 그 자신에게 했던 말이기 때문일 것이다.

지금 우리가 크로포트킨을 되돌아봐야 하는 까닭은 무엇보다 인간에 대한 그의 신뢰에 있으며, 이것을 과학적 인식의 차원으로 해명한 그의 탐구 정신에 있다. 인간에 대한 무한한 애정과 헌신은 혁명가로서 그의 삶에 특별한 색조를 입혔다. 특히 대중에 대한 끝없는 신뢰는 그의 인간 이해에 기초한 것으로 여느 혁명가의 번지르르한 수사와는 구분되는 것이다. "내가 이 고상한 정서의 세계에서 생활하려고 소비하는 모든 것은 바로 땀 흘려 농사지어도 자식들에게 빵 한 조각 배불리 먹일 수 없는 농민에게서 빼앗은 것이 아닌가."라는 성찰적 물음은 크로포트킨을 투옥과 오랜 망명 생활로 이끌었다.

거듭 강조하건대, 크로포트킨이 끝까지 신뢰했던 것은 과학적인 이론이나 혁명 조직이 아니라 대중이었다. 대중이 스스로 자신의 욕구와 목소리를 내고 서로 학습하며 시민으로 성장하는 공화국, 그것이 크로포트킨의 이상이었다. "인간은 일반적으로 제도보다 선하다."라고 믿었던 크로포트킨에게는 과학적이고 논리적인 이념이나 제도보다 서로 보살피고 배려하는 마음가짐이 사회를 발전시키는 힘이었다.

자신의 내면세계로 도피하는 영혼이 아니라 시대의 아픔을 함께하고 그 시대에 정면으로 도전한 영혼의 소유자. 만약 인간이 추악해지는 데에는 한계가 있어도 아름다워지는 데에는 한계가 없다고 믿는 사람을 낙관론자라고 규정한다면 크로포트킨은 그 자신을 대상화한 낙관론자임에 틀림없다. 이 혼탁한 현대 사회에서 인류의 미래를 밝게 내다보는 그의 낙관론과 인간에 대한 신뢰는 시대 흐름에 뒤떨어진 것이라고 여겨질지도 모르겠다. 신자유주의가 기승을 부리고 전 세계의 모든 사람이 경쟁의 대열에 줄을 서는 오늘날, 그의 상호부조 개념은 현실에 전혀 맞지 않는 듯 보이기도 한다. 그러나 신자유주의적 자본주의 체제가 자연과 인류 모두를 벼랑 끝으로 몰아가고 있다는 점을 받아들인다면 이제는 뒤집어 생각할 때가 되지 않았을까.

19세기 말 유럽에서는 다윈의 《종의 기원》이 큰 반향을 일으켰다. 개체 간의 치열한 경쟁을 통한 적자생존만이 진화의 동력이라는 사상이 팽배했다. 크로포트킨은 이에 동의할 수 없었다.

동물학자로서 그는 시베리아에 사는 동물들을 관찰해 동종의 동물 사이에 벌어지는 첨예한 경쟁을 찾으려 했다. 그러나 놀랍게도 경쟁이나 투쟁의 모습은 보이지 않았고, 오히려 서로 돕는 많은 장면을 목격하게 되었다. 그는 다윈주의를 비판하며 개체 간의 '상호부조'가 생존경쟁만큼 진화의 중요한 동력임을 과학적으로 입증하려 했다.

그가 13년간 심혈을 기울여 집필한《상호부조론》은 상호부조가 근간인 아나키즘 사상에 생물학적 기초를 부여한 명저로 평가받는다. 다윈 추종자들은 동물의 세계를 피에 굶주린 개체가 벌이는 끝없는 투쟁의 세계로만 해석했다. 그러나 크로포트킨이 숲, 목초지, 산악 지대 등의 동물들을 통해 발견한 것은 다양한 부류의 동물 사이에서는 치열한 경쟁도 있지만 같은 종에 속한 동물은 서로 부양하고 도와준다는 사실이었다. 동물의 상호부조는 하나의 자연법칙인 셈이었다. 그가 제시한 상호부조의 예는 무궁무진하다. 소화된 먹이도 공유하는 개미, 동족은 물론 다른 물새와도 좋은 관계를 가지는 두루미, 정찰병을 이용해 공동 사냥을 하는 흰벼슬앵무새 등. 또한, 코끼리, 늑대, 원숭이 등 포유류에서도 상호부조를 발견할 수 있다. 심지어 멧돼지처럼 사회성이 낮은 동물도 맹수에게 습격을 받으면 놀라운 단결력을 보여

준다.

상호부조와 연대라는 자연의 법칙은 인간 사회로도 이어진다. 구석기 시대 초부터 씨족과 부족의 형태로 살며 협력했던 흔적과 미개인의 촌락 공동체를 보면 알 수 있다. 또한, 일정한 직업을 공동으로 수행하면서 상호 지원을 위해 탄생한 중세의 길드나 사회적 약자였던 근대 노동자의 연대와 단결도 이와 궤를 같이한다. 그는 "끊임없이 서로 싸우는 종들과 서로 도움을 주는 종들 중 어느 쪽이 적자인가?" 하는 의문을 다윈식 진화론자들에게 제기했다.

그는 상호부조야말로 어떤 개체든지 최소한의 에너지를 소비하면서 최대의 행복을 주기에 상호 투쟁보다 훨씬 중요한 진화의 요인이라고 강조했다. 상호 적대와 무자비한 경쟁으로 치닫는 인간 세상의 현실에 비추어 볼 때, 그래서 더욱 인간 내면 깊숙이 자리 잡고 있는 상호부조와 연대의 부활이 아쉬운 때이기에 130여 년 전 크로포트킨의 주장이 더욱 절절하게 다가오는 것이다. "경쟁하지 말라! 경쟁은 항상 그 종에 치명적이고 경쟁을 피할 수 있는 방법은 매우 많다!" 이 말은 관목이나 숲, 강, 바다에서 우리에게 전해 오는 슬로건이다. "그러므로 결합해서 상호부조를 실천하라! 이것이야말로 각자 그리고 모두가 최대한 안전을 확보하고 육체적으로, 지적으로 그리고 도덕적으로 살아가고 진보하는 데 가장 든든하게 받쳐 주는 가장 확실한 수단이다."

크로포트킨은 1917년 러시아 2월 혁명 뒤 조국으로 돌아가 10월 혁명에 동참했다. 하지만 백군을 패퇴시킨 뒤 볼셰비키는 아나키스트를 공격해 궤멸시켰다. 그렇게 아나키스트를 이용한 뒤 가차 없이 저버린 행태는 10여 년 뒤 스페인 전쟁에서도 그대로 재연되었다. 크로포트킨은 볼셰비키의 폭력적 권력 구축을 보며 "이것은 혁명의 매장이다."라고 했다.

그는 1921년 모스크바 근처에서 쓸쓸히 죽었다. 그의 추종자들은 대부분 이미 죽임을 당했거나 감옥에 갇혀 있었다. 인간 영혼의 무게를 담지 못했기에 사회주의는 무너질 수밖에 없었는지 모른다. 사회주의가 대변한다고 주장했던 그 대중이 사회주의를 무너뜨렸다면, 크로포트킨이 신뢰했던 대중의 단계에 아직 이르지 못했다고 할 수 있다. 총구나 권력이 아닌 다른 방식으로 사회의 변화와 진보를 추구해 왔던 사람들의 정신을 이제 되살려야 한다. 한국의 많은 젊은이가 이 문건을 통해 크로포트킨과 만날 수 있기를 바라는 이유이기도 하다.

그는 어떤 권력도 쥐어 보지 못한 실패한 혁명가이지만, 바로 그 실패와 그 실패를 견딤으로써 오늘 우리의 영혼을 자극하는 사유로 남아 있다. 그 이유는 우리가 두려워해야 할 것은 현실에서의 실패가 아니라 정신의 패퇴이기 때문이며, 우리가 그에게서 배워야 할 점은 무엇보다 실패를 두려워하지 않는 항심이기 때문이다. "실패하라, 다시 실패하라, 더 낫게 실패하라."라는 사뮈엘 베케트의 진술처럼. "우리가 가는 길이 어려운 것이 아니라, 어려운 길이기 때문에 우리가 가야 한다."라는 진술처럼.

신채호는 크로포트킨을 석가모니·공자·예수·마르크스와 더불어 5대 사상가로 끌어올렸다. "아아, 크로포트킨의 〈청년에게 고하노라〉란 논문의 세례를 받자! 이 글이 가장 병에 맞는 약방이 될까 한다."라고 호소할 만큼 그는 아나키즘에 확신을 갖고 있었다. 1928년 텐진에서 열린 한국인 아나키스트 대회 선언에서도 신채호는 정부를 "지배 계급이 무산 민중으로부터 약탈한 소득을 분배하려는, 곧 인육분장소人肉分臟所"로 묘사하며, 정부를 파괴해야 한다고 역설했다. 그런 정부 대신 건설하려 한 것이 능력에 따라 일하고 필요에 따라 분배받는 '아나코-코뮈니스트' 사회였다.

당시 세계를 지배하고 있던 제국주의는 약육강식, 적자생존의 진화론에 기초해 우등한 민족이 열등한 민족을 지배하고 교화하는 것은 필연이라는 세계관 위에 세워진 것이었다. 조선인 동경 유학생들은 이 같은 삼투압 방식의 인류 발전론을 받아들일 수 없었다. 그 대척점에 있는 아나키즘으로 당시 조선인 지식인의 눈길이 흐른 것은 어쩌면 당연한 일이었다. 동경 부두에서 하루 일해 사흘을 먹을 수 있었던 내 아버지가 청년 시절부터 아나키즘에 경도된 것은 당연한 일이었는지 모른다. 그러나 아나키스트는 세계 다른 곳에서도 그랬듯이 한반도에서도 배반당할 운명에 처해 있었다. 또 다른 독재 권력인 현실 사회주의와 평등을 위배하는 자본주의 모두를 공격했으니, 남과 북 모두에게 버림받아야 했다.

그럼에도 오늘 아나키즘 정신은 20세기 현실 사회주의의 실패와 자본주의가 만든 냉혹한 현실 속에서 대안 사회를 추구하는 모든 사유와 실천 속에 고갱이로 남아 있다. 그것은 인간을 억압과 착취로 몰아넣고 비인간화하는 사회를 넘어서려는, 인간에 대한 모멸과 멸시를 견딜 수 없어 하는 인간의 투쟁, 인간의 자유를 위한 투쟁을 한시적인 제도의 유혹 속에서도 포기하지 않는 위대한 정신의 표현이다. 크로포트킨의 〈청년에게 고함〉이 그렇듯이.

" 청년에게 고함 "

P. A. 크로포트킨

오늘 나는 청년에게 말을 건네려고 합니다.

마음과 정신이 이미 늙어 버린 나이 든 분은 이 소책자를 읽으며 눈을 피로하게 하지 않아도 됩니다. 그분들에게는 제가 할 말이 없기 때문입니다.

나는 여러분이 지금 열여덟 살이나 스무 살이 되어 직업 훈련 과정이나 학업을 마치고, 이제 막 새로운 삶에 첫발을 내딛으려 한다고 상정합니다. 나는 여러분이 주입된 미신들에서 벗어난 자유로운 정신을 가졌기에, 악마를 두려워하지 않으며 신부나 목사의 허언에 현혹되지 않으리라 봅니다. 뿐만 아니라, 타락한 사회의 슬픈 산물인 겉멋만 좇는 사람도 아닐 테고요. 유행하는 옷차림과 우스꽝스러운 얼굴로 거리를 쏘다니는 사람은 그 젊은 나이에 벌써 쾌락만 추구할 뿐입니다. 그들과 달리 여러분은 인간의 마음을 가졌다고 저는 믿습니다. 그렇기에 여러분에게 말을 거는 것입니다.

여러분 앞에 놓인 첫 질문은 "나는 무엇이 될 것인가?"입니다. 여러분 스스로 자신에게 자주 던졌던 물음입니다. 젊은이라면

29

마땅히 그렇게 여러 해 동안 직업 훈련을 하거나 학문을 공부한 것(사회가 그 비용을 지불했음을 잊어서는 안 됩니다.)이 착취의 도구가 되려 함이 아님을 알아야 합니다. 그렇기에 그동안 쌓아 올린 지성이나 능력과 학식을 활용하여 오늘날 비참과 무지의 나락에 떨어져 신음하는 사람들을 도울 날을 꿈꾸지 않는다면, 그것은 악덕으로 타락한 탓이라고 말하지 않을 수 없습니다.

 여러분은 그러한 꿈을 갖고 있습니까? 그렇다면, 이제 그 꿈을 실현하려 무엇을 할지 물어야 할 것입니다.

Publications des « TEMPS NOUVEAUX » — N° 31

Kropotkine

C.I.R.A.

AUX JEUNES GENS

1

나는 여러분이 어떤 환경에서 태어났는지 모릅니다. 운이 좋은 분은 학문을 공부할 수 있었을 테죠. 그런 분은 의사, 변호사, 문필가 혹은 과학자가 될 것입니다. 그 앞에는 광활하게 활동 분야가 열려 있습니다. 폭넓은 지식과 훈련된 능력으로 사회생활을 시작하겠죠. 또한, 여러분 가운데는 장인匠人도 있을 것입니다. 그 학문적 지식은 초급학교에서 배운 소소한 내용에서 크게 벗어나지 않지만, 오늘날 땀 흘려 일하는 노동자의 힘겨운 삶을 가까이서 잘 아는 장점을 지녔습니다.

나는 먼저, 학문을 공부한 분에게 이야기하고자 합니다. 나중에 말을 걸 장인과 달리 여러분은 학문 교육을 받았습니다.

자, 여러분 가운데 의사가 될 분이 있다고 합시다. 내일, 작업복을 입은 한 남자가 당신을 찾아와 환자에게 가자고 요청합니다. 그는 당신을 집들이 닥지닥지 붙은 좁은 골목길로 안내합니다. 야릇한 분위기 속에서 깜빡거리는 등불 아래, 때가 덕지덕지 껴 미끄러운 계단을 밟아 당신은 2층, 3층, 4층, 5층으로 올라갑니다. 이윽고, 어둡고 차가운 방에서 초라한 침대 위에 더러운 이불을 덮고 누워 있는 환자를 발견합니다. 옆에는 누더기를 걸치고 떠는, 납빛으로 창백한 아이들이 두 눈을 크게 뜨고 당신을 쳐다봅니다.

남편은 하루 12시간 내지 13시간 동안 닥치는 대로 일해 왔는데 지금은 석 달째 실업자 신세입니다. 실업은 그의 직업에서 아주 흔한 일로 주기적으로 찾아와 실업 상태에서 벗어날 해가 거의 없었습니다. 그럴 때마다 그의 아내는 삯일을 나갔습니다. 어쩌면 당신의 셔츠를 세탁하기도 했겠지요. 그렇게 일해 하루 30수[1프랑=20수ᵘ]를 벌었습니다. 하지만 지금은 아내마저 병상에 누운 지 두 달째이고 가족은 그야말로 참담한 지경에 이르렀습니다.

의사인 당신은 그 환자에게 어떤 처방을 내릴 건가요? 그녀의 병이 영양 결핍과 신선한 공기 부족에서 온 빈혈증임을 금방 알아차린 당신은 어떤 처방을 내릴 수 있나요? 매일 좋은 비프 스테이크를 먹으라고 하나요? 신선한 공기 속에서 운동을 조금 하라고 하나요? 아니면 환기가 잘 되는 침실을 처방할 건가요? 이 무슨 아이러니입니까? 그녀가 그럴 능력만 있었다면 당신의 충고를 기다리기 전에 이미 그렇게 했을 테니 말입니다!

당신이 마음이 곱고 솔직히 말하고 정직한 눈길을 가졌다면 그 가족은 당신에게 더 많은 얘기를 해 줄지도 모릅니다. 칸막이

너머에는 다림질로 생계를 꾸리는 가난한 여자가 당신 마음을 아프게 할 기침병을 앓고 있고, 계단을 내려가면 아이들이 모두 열병을 앓고 있으며, 1층에 사는 세탁부 여자는 봄을 넘기지 못할 텐데 그 옆집의 상황은 더 나쁘다는 등의 얘기를 말이죠.

이 모든 환자에게 당신은 뭐라고 말할 건가요? 좋은 음식을 먹고 환경을 바꾸는 한편, 힘든 노동을 피하라고 할 건가요? 그렇게 말할 수 있으면 좋겠지만 감히 입을 열지는 못할 것입니다. 그러고는 상처받은 가슴을 안고 그 집에서 나올 것입니다. 입에서는 저주스런 말이 튀어나오겠지요.

이튿날 당신이 아직 그 빈민굴의 사람들을 떠올리고 있을 때, 당신의 동료는 어제 한 하인이 화려한 사륜마차를 타고 그를 데리러 왔다는 얘기를 꺼냅니다. 환자는 대저택에 사는 부인인데 불면의 밤이 지속되어 쓰러졌습니다. 그녀는 전 생애를 오로지 몸단장과 나들이, 무도회, 상스러운 남편과의 말다툼으로 보냈습니다. 당신의 동료는 그녀에게 조금만 덜 무절제한 생활, 열량이 적은 음식, 야외 산책, 정신 안정, 약간의 실내 체조를 처방했습니다. 그 처방은 어떤 점에서 생산적인 노동을 대신하는 내용이었습니다.

한 여인은 평생 충분히 먹지 못하고 충분히 쉬지도 못해 죽어

갈 때, 다른 한 여인은 태어나면서부터 지금껏 노동이 무엇인지 알지 못해 수척해지는 것입니다.

당신이 모든 것에 잘 적응하는 물렁물렁한 성격의 소유자라면, 그래서 무척 격분케 하는 일 앞에서도 가벼운 한숨이나 맥주 한잔으로 자신을 달래고 넘어 간다면, 당신은 이러한 대비에 결국 익숙해지고 동물적 속성이 보태지면서 쾌락을 좇는 사람들 무리에 섞이려는 생각만 하게 될 것입니다. 가련한 사람들 속에서 당신을 찾을 수는 없게 되는 것이지요.

그러나 당신이 참된 인간이라면, 그래서 당신이 느끼는 감정마다 의지적 행동으로 나아가고 당신 안의 동물성이 지성을 죽이지 않는다면, 어느 날 이렇게 혼잣말하면서 집으로 돌아올 것입니다. "이건 아냐. 이건 불의야. 이렇게 계속되어선 안 돼. 병을 고치는 것으로는 충분하지 않아. 조금만 더 생활을 개선하고 조금만 더 지적인 발전이 이뤄져도 환자와 질병의 절반을 없앨 수 있어. 약은 악마에게나 줘 버려! 대신 신선한 공기, 좋은 음식, 과로하지 않는 노동, 이런 걸로 시작해야 해. 이것이 없다면 의사라는 이름의 모든 직업은 속임수와 거짓에 불과해."

바로 그날, 당신은 사회주의를 이해하게 될 것입니다. 당신은 사회주의에 관해 더 알기를 바라게 될 터인데, 그래서 이타심이라는 말이 당신에게 의미를 갖게 되고 당신이 사회 문제를 학습

할 때 자연 철학자의 엄격한 결론을 적용한다면, 당신은 마침내 우리와 함께하게 될 것이며, 우리가 지금까지 해 왔듯이 당신도 사회 변혁을 위해 일하게 될 것입니다.

하지만 당신은 이렇게 말할지도 모릅니다. "실천은 악마에게나 맡겨라! 천문학자, 물리학자, 화학자로서 나는 학문에만 전념할 것이다. 그런 일은 항상 열매를 맺어 왔다. 설령 다음 세대를 위한 것에 지나지 않더라도 말이다."

그렇다면 먼저, 당신이 학문에 전념해 찾으려는 것이 무엇인지 이해하도록 해 봅시다. 그것은 단지 쾌락인가요? 물론 자연의 신비를 연구하거나 우리의 지적 능력을 활용할 때 아주 큰 기쁨을 얻지요. 그렇다면 내가 묻겠습니다. 인생을 안락하게 보내려고 학문을 연구하는 학자와 포도주에서 순간적인 즐거움을 찾는 주정뱅이가 어떻게 다른지 말입니다. 물론 학자는 즐거움의 원천을 잘 선택했습니다. 학자의 그것은 학자에게 크고 지속적인 즐거움을 주니까요. 하지만 그게 다입니다! 주정뱅이와 학자는 둘 다 이기적인 목적, 즉 개인적인 만족을 목적으로 삼고 있습니다.

아니겠지요. 당신은 그처럼 이기적인 삶을 살기를 바라지 않을 테지요. 당신은 학문에 종사하면서 인류에 봉사한다고 믿으며, 그런 생각에 따라 연구 영역을 선택하기도 하겠지요…….

하지만 그건 환상일 뿐입니다! 우리 가운데 처음 학문을 시작하면서 한순간이나마 그런 생각을 다독거리지 않은 사람이 누가 있겠습니까?

당신이 참으로 인류를 걱정한다면, 그래서 당신의 연구가 인류의 번영을 목적으로 한다면 하나의 엄청난 항변이 당신 앞에 던져질 것입니다. 당신이 조금이라도 올바른 정신을 가졌다면, 오늘의 사회에서 과학은 사치품에 지나지 않기에 몇몇 사람의 삶만을 더 안락하게 할 뿐이고 거의 모든 인류에게는 절대적으로 접근 불가능하다는 점을 금방 알아차릴 것이기 때문입니다.

실제로 과학은 100년도 더 전에 세계에 관해 건전한 기본 요강을 세웠습니다. 하지만 그것에 정통하거나 실제로 과학적 비판 정신을 획득한 학생은 얼마나 됩니까? 그런 사람은 겨우 수천 명에 지나지 않을 뿐더러 수억 명은 여전히 야만인에게나 걸맞은 편견과 미신을 가져서 종교적 사기꾼들에게 꼭두각시로 봉사할 처지에 놓여 있습니다.

또 과학이 육체적, 윤리적 건강의 합리적 토대를 다지려고 무엇을 했는지 살펴볼까요? 과학은 우리에게 신체 건강을 유지하려면 어떻게 살아야 하는지, 주거 밀집 지역을 좋은 상태로 유지하려면 어떻게 해야 하는지 말해 줍니다. 또한 우리에게 지적, 윤리적 행복의 길을 가르쳐 줍니다. 하지만 이 두 가지 길에서 이룬 엄청난 과업이 사장死藏된 채 책으로만 남아 있지 않습니까? 왜 그럴까요? 오늘날 학문이 일부 특권층을 위해서만 행해지기 때문입니다. 사회를 임금 노동자와 자본가의 두 계급으로 분리하고 있는 사회적 불평등은 합리적인 삶의 조건에 관한 모든 가르침을 90퍼센트의 인류에게는 조롱에 지나지 않게 만들었기 때문입니다.

더 많은 예를 들 수 있지만 이렇게 짧게 정리하겠습니다. "파우스트의 서재 바깥으로 나가기만 하면 된다."라고 말입니다. 먼지로 가득한 창문 때문에 그의 책들이 햇빛을 받지 못하고 있으니까요. 당신 주위를 살펴보기만 해도 당신이 가는 곳곳에서 이러한 생각을 지지하는 증거들을 찾을 수 있을 것입니다.

지금은 더 이상 과학적 진실과 발견을 축적할 때가 아닙니다. 지금 무엇보다 중요한 일은 과학이 이룬 진리들을 확장하여 삶에서 실천하게 함으로써 공동의 소유가 되도록 하는 것입니다. 모든 인류가 그것을 자기 것으로 적용하게 하여 학문이 사치가 되기를 멈추고 모든 사람의 토대가 되도록 해야 합니다. 그것은 정의가 바라는 것이기도 합니다.

또한 그것은 바로 학문을 위해 학문 자체가 요구하는 것이기도 합니다. 학문이 새로운 진리를 내놓더라도 그것을 받아들일 환경이 조성되지 않으면 실질적인 진보를 이룰 수 없습니다. 가령 열역학의 초기 이론은 오늘날 이른Hirn과 클라우지우스Clausius가 발표한 것과 거의 비슷한 개념으로 1세기 전에 나왔는데도 물리학적 지식이 넓게 퍼져 받아들일 환경이 조성될 때까지 학회의 논문집 안에서 잠자고 있어야 했습니다. 또한 종의 다양성에 관한 에라스무스 다윈의 이론을 그의 손자[《종의 기원》을 쓴 찰스 다윈]가 긍정적으로 받아 안고 아카데미 학자들이 인정하기까지는 3세대를 기다려야 했는데, 여론의 압력이 작용해 가능했던 것입니다.

학자 또한 시인이나 예술가와 마찬가지로 그가 활동하고 연구하는 사회의 산물인 것입니다.

당신이 이러한 생각을 확신한다면 무엇보다도, 학자에게는 학문적 진리를 이끌어 내도록 강요하는 한편 거의 모든 인류에게는 5세기 또는 10세기 이전에 머물도록 다시 말해 학문이 이룬 업적과 무관한 노예나 기계와 같은 처지에 머물도록 강요하는 이러한 상황에 근본적인 변화가 일어나야 한다는 점을 이해하게 될 것입니다. 그리하여 너그럽고 인간적이며 꽤 과학적인, 학문에 대한 이러한 생각을 확신하게 되는 날, 당신은 순수 학문에는 흥미를 잃게 될 것입니다. 이러한 변화를 당신의 학문 연구에 가져올 방안을 모색하려 할 때, 그래서 학문 연구에서 지금까지 당신을 이끌어 온 불편부당성에 주의를 기울이게 되면, 당신은 필연적으로 사회주의의 대의를 받아들이게 될 것입니다. 당신은 곧 궤변에서 해방되어 우리의 대열에 함께할 것입니다. 이미 많이 차지하고 있는 소수의 그룹에게 쾌락을 주는 일에서 벗어나 당신은 당장 자신의 지식과 헌신을 억압당하는 사람들을 위해 쓸 것입니다.

그리하여, 의무를 수행한다는 느낌과 감정과 행위의 참된 일치를 확신하십시오. 당신은 그 존재조차 알 수 없었던 힘을 발견하게 될 것입니다. 그래서 어느 날, 당신의 교수가 뭐라든 가까운 미래의 어느 날 당신의 공부에 변화가 일어나고 집단적 학문 연구와 노동자 군단의 강력한 협력이 새로운 힘을 얻으면서 학문은 새로이 도약할 것입니다. 이에 비하면 오늘날의 느린 진보는 초년생의 단순한 연습에 불과하다고 할 수 있습니다.

자, 이제 학문의 즐거움을 만끽하십시오. 이 즐거움은 모두를 위한 것이니까요!

2

당신이 법학 공부를 마치고 법조인이 되려고 준비하고 있다면, 당신 또한 미래의 활동에 환상을 품고 있을 것입니다. 물론 당신은 이타주의를 누구보다 잘 알고 있을 테죠. 어쩌면 당신은 이렇게 생각하고 있을지 모릅니다. '모든 불의에 맞선 싸움에 한순간도 멈추지 않고 단호하게 일생을 바치자! 최상의 정의인 법이 승리하도록 부단히 노력하자! 이보다 더 아름다운 직업이 또 있겠는가!' 당신은 당신 자신과 당신이 선택한 직업에 옹골찬 신뢰를 갖고 사회생활에 나설 것입니다.

자, 그러면 재판 관련 신문 기사 가운데 아무것이나 골라 읽고, 사회가 당신에게 무슨 말을 건넬지 한번 볼까요?

여기 한 부유한 지주가 있습니다. 그는 소정의 지대를 지불하지 못한 소작인을 쫓아내려 합니다. 법률의 관점에서 보면, 일말의 주저도 개입될 여지가 없습니다. 지대를 지불하지 못한 소작농은 추방되어 마땅하니까요. 하지만 이 사건을 분석해 보면 우리는 다음과 같은 사실을 알 수 있습니다. 지주가 수시로 연회를 열어 지대를 계속 탕진하며 없앨 때, 소작농은 그저 일만 했습니다. 지주는 땅을 개선하려고 그 어떤 일도 하지 않았는데, 땅값은 50년 동안 3배로 올랐습니다. 철도 노선과 마을 길이 열리고 늪 지대가 말랐으며 황량했던 해안 지대를 간척하면서 땅의 가치가 오른 것입니다. 반면 땅값 상승에 가장 많이 기여한 소작농은 망했습니다. 사업가들에 빚을 져 무너졌고 결국 지대를 지불할 수 없는 지경에 이르렀습니다. 법은 언제나 지주 편에 서 있어서 지주가 옳다고 단호하게 말합니다.

법률이라는 허구가 당신의 정의감을 아직 죽이지 않았다면 당신은 무엇을 하겠습니까? 소작농을 거리에 내쫓으라고 요구할 것인가요?(이것은 법이 명령하는 것입니다.) 아니면 소작농의 노동으로 상승한 가치만큼 되돌려 주라고(이것은 공정함이 당신에게 요구하는 것입니다.) 지주에게 요구할 것인가요? 당신은 어느 쪽을 선택할 것입니까? 법에 따르지만 정의에 어긋나는 쪽인가요, 아니면 정의를 따르지만 법에는 어긋나는 쪽인가요?

노동자들이 15일의 예고 기간을 지키지 않고 기업주에 맞서 파업에 돌입했습니다. 당신은 어느 쪽에 서겠습니까? 법의 편에, 즉 경제 위기를 이용하여 엄청난 이윤을 챙긴(유명한 랭스 사건[크로포트킨이 〈청년에게 고함〉을 쓴 해인 1880년에, 파리의 동북부에 위치한 도시 랭스의 거의 모든 노동자가 파업에 돌입했다.]을 읽어 보세요.) 그 사업주 편에 설 것입니까? 아니면 법의 반대편, 즉 2.5프랑의 임금밖에 받지 못해 아내와 아이들이 쇠약해지는 모습을 보아야 했던 노동자 편에 서겠습니까? 당신은 '계약의 자유'라는 허구의 편에 설 것입니까? 아니면 매일 호의호식하는 사람과 끼니를 위해 노동력을 팔아야 하는 사람 사이, 즉 강자와 약자 사이의 계약은 계약이 아니라는 공정함의 편에 설 것입니까?

여기 또 다른 사건이 있습니다. 어느 날, 파리에서 한 남자가 정육점 근처를 서성거렸습니다. 그는 비프스테이크 고기 한 조각을 훔쳐 달아났습니다. 그는 붙잡혔고 심문을 받았습니다. 그는 일거리 없는 노동자로 나흘 동안 가족이 아무것도 먹지 못했다고 합니다. 사람들은 정육점 주인에게 그를 풀어 주라고 사정했지만 정육점 주인은 법이 승리하기를 원했습니다. 정육점 주인은 고소했고 그 남자는 6개월 징역형을 선고받았습니다. 이런 것이 바로 눈먼 '정의의 여신'이 바라는 바입니다. 이와 비슷한 선고가 일상적으로 일어나는 데 익숙해지면서 당신의 양심은 법과 사회에 분노하지 않게 될 것입니다!

또 태어난 이래 오로지 혹사당하고 우롱당했을 뿐 단 한 번도 따뜻한 말을 듣지 못하고 자란 한 남자가 100수를 빼앗으려고 이웃을 죽였다면, 그에게 법의 적용을 요구하겠습니까? 그에게 단두대형 혹은 20년 징역형을 구형하겠습니까? 그러나 당신은 알고 있지 않습니까? 그가 범죄자이기보다는 환자이며 그가 저지른 죄의 책임은 전적으로 사회에 있다는 점을 말입니다.

　당신은 격분의 순간을 참지 못해 공장에 불을 지른 방직공들을 지하 감옥에 집어넣도록 구형할 것입니까? 살인자인 왕을 향해 총을 쏜 남자에게 유죄를 주장할 것입니까? 바리케이드 위에 미래의 깃발을 세운 폭동 민중에게 총살형을 요구할 것입니까?

　아니, 절대 아닙니다!

　당신이 사람들이 가르쳐 준 것을 반복하는 대신 이치를 따진다면, 그래서 당신이 법을 해부하고 그것의 뿌리와 속살을 감추려고 쳐 놓은 연막 구도를 벗겨 내 법이란 애당초 힘센 자의 권리였으며 인류에게 피로 물든 역사로 대물림된 압제에 언제나 봉헌해 왔음을 인식한다면, 법에 대해 최상의 경멸을 갖게 될 것입니다. 쓰여 있는 그대로 법을 따른다는 것은 곧 매일 양심의 법에 맞서는, 양심을 파는 일임을 인식하게 될 것입니다. 이 싸움은 오래가지 못합니다. 당신은 자신의 양심을 침묵케 하면서 불한당이 되겠습니까? 아니면 그런 관례와 절연하고 모든 경제적, 정치적, 사회적 불의를 없애도록 우리와 함께 싸우겠습니까? 이때 당신은 사회주의자, 혁명가가 될 것입니다.

당신은 젊은 엔지니어입니다. 당신은 과학을 산업에 적용하여 노동자의 처지를 개선하겠다는 꿈을 품고 있습니다. 하지만 얼마나 슬픈 실망과 환멸이 당신을 기다릴지······. 가령 당신은 철도 프로젝트 제작에 당신의 재능과 함께 젊은 에너지를 쏟아 참여합니다. 철도는 벼랑 끝을 굽이치거나 거대한 화강암의 중심을 뚫으면서 자연에 의해 분리되었던 두 지역을 가깝게 해 줍니다. 하지만 일단 작업이 시작되면, 당신이 보는 것은 어두운 터널 속에서 궁핍과 질병으로 쓰러지는 수많은 노동자입니다. 또는 기껏 몇 푼을 손에 쥐고 폐병 고위험군의 병인病因을 안고 집으로 돌아가는 다른 일군의 노동자입니다. 당신의 그 철도가 1미터 나아갈 때마다 당신이 봐야 하는 것은 파렴치한 탐욕의 결과인 인간의 시체들입니다. 마침내 그 철도 공사가 끝났을 때, 당신은 그 철도가 침입자의 대포를 운반하는 길이 되는 것을 또 봐야 합니다.

당신은 생산의 단순화 방안을 찾는 데 젊은 시절을 바쳤고 수많은 밤을 새워 노력한 결과 마침내 귀중한 방안을 고안해 냈습니다. 하지만 당신이 그것을 현실에 적용했을 때, 결과는 당신의 기대와 전혀 다른 것이었습니다. 1만, 2만에 이르는 노동자가 해고되어 길바닥에 내쫓겼습니다. 공장에는 거의 아이들만 남아 기계 같은 상태로 추락했습니다. 서넛, 많아야 열 명의 기업주는 큰돈을 벌어 샴페인을 터뜨립니다. 당신이 꿈꾼 모습이 이런 것이었나요?

자, 최근에 산업이 어떻게 진보했는지 연구해 보면 이렇습니다. 일례로, 재봉틀이 발명된 뒤로는 재봉사가 한 푼도 벌지 못하게 되었다는 사실을 알게 될 것입니다. 또한 한쪽에는 다이아몬드 날의 굴착기가 있는데도 생 고타르St. Gothard[1875년 이 지역에서, 철도 터널 공사 중 파업 노동자들이 지역 경찰과 용역 경비대가 쏜 총에 살해되는 사건이 발생했다.]의 노동자들은 십이지장충병으로 죽어 가고, 지파르Giffard 엘리베이터 앞에서 석공과 삯일꾼은 일자리를 잃습니다.

기술적 문제에 집중하게 했던 당신의 그 독립 정신으로 사회적 문제들을 토론해 보면 필연적으로 당신은, 사유 재산과 임금 노동제 아래에서는 모든 새로운 발명이 노동자의 복지를 향상해 주기는커녕 노예 상태를 더욱 무겁게 하고 노동을 더욱 진력나게 하며 실업을 더욱 자주 일으키고 불황을 더 첨예하게 만들 뿐이라는 결론에 이르게 될 것입니다. 그리고 그러한 과정에서 이익을 취하는 사람은 오로지 지금껏 모든 것을 향유하던 사람들입니다.

이런 결론에 이르렀을 때, 당신은 어떻게 하겠습니까? 어쩌면 당신은 그럴싸한 논리로 자신의 양심을 침묵케 할 수도 있습니다. 그래서 어느 화창한 날, 당신은 젊은 시절에 품었던 정직한 꿈과 이별하고 오로지 당신의 향유를 위한 일에만 전념할 것입니다. 그렇게 착취자의 진영에 들어가는 것입니다. 그렇지 않고 당신이 참된 마음을 갖고 있다면 이렇게 말할 것입니다. "아냐, 지금은 발명을 위해 시간을 보낼 때가 아냐! 먼저, 생산 체제를 바꾸도록 해야 돼. 사유 재산이 폐지되면, 산업의 새로운 진보는 인류 전체에게 혜택이 될 거야. 그리고 오늘날 기계의 처지로 전락한 노동자 대중은 연구와 직접 노동으로 튼실해진 그들의 직관을 산업에 적용하는, 사유하는 인간이 될 거야. 그러면 기술 진보는 도약할 것이고 오늘은 꿈꿀 수 없는 것을 50년 안에 성취하게 될 거야"

이제, 학교 교사의 차례입니다. 제가 말하려는 교사는 교사직을 지루한 잡일로 여기는 사람이 아닙니다. 유쾌한 아이들에게 둘러싸여 그들의 초롱초롱한 눈망울과 행복한 웃음 가운데서 즐거워하며 그 아이들의 작은 머릿속에 교사 자신이 어렸을 때 품었던 인간적 심성을 심어 주려는 사람입니다.

나는 종종 당신이 슬퍼한다는 것과 무엇이 당신의 이맛살을 찌푸리게 하는지 알고 있습니다. 오늘 당신이 가장 아끼는, 비록

라틴어를 잘하지는 못하지만 훌륭한 정신을 가진 한 학생이 전설적인 윌리엄 텔에 관해 열정적으로 얘기했습니다. 눈은 불타올랐고 마치 모든 압제자를 당장 물리치겠다는 것 같았습니다. 그는 실러의 열정적인 시를 뜨겁게 읊었습니다.

　노예 앞에서, 그가 쇠사슬을 부러뜨릴 때,

　자유인 앞에서, 떨지 않으리!

　하지만 집으로 돌아갔을 때, 아이의 부모와 삼촌은 아이가 목사와 순찰관에게 존경을 표하지 않았다고 엄하게 야단칩니다. 그들은 아이에게 한 시간 동안이나 "신중해라. 권위를 존경하고 복종해라."라고 노래를 부릅니다. 그래서 아이는 실러의 시를 옆으로 치우고 "출세하는 기술"을 읽습니다.

　그리고 어제는 누군가 당신에게 당신의 뛰어난 학생들이 모두 타락했다고 했습니다. 어떤 학생은 높은 지위만 꿈꾸고 있고 또 어떤 학생은 기업주에게 빌붙어서 노동자들의 적은 임금마저 도둑질하고 있다는 말을 듣고, 그동안 그 청년들에게 기대를 품었던 당신은 이제 삶과 이상 사이의 슬픈 모순을 숙고하게 되었습니다.

1917년 러시아 혁명 당시의 모습

당신은 여전히 숙고하고 있습니다! 하지만 나는 알고 있습니다. 2년의 세월이 흐르고 실망에 실망을 거듭한 뒤 당신은 자신이 좋아하던 작가들의 저작을 옆으로 밀어내고 결국, 윌리엄 텔이 정직한 아버지였던 건 틀림없지만 조금 정신 나간 사람이라고 말하게 될 것입니다. 시를 읊는다는 것이 가정에서는 훌륭한 일이라고 말하겠지요. 특히, 하루 종일 학교에서 학생들에게 복리 계산법을 가르치고 난 뒤라면 더욱 그렇게 말할 것입니다. 하지만 마침내 당신은 시인이란 언제나 구름 위에서 몽상할 뿐이고 그들의 시란 인간의 삶과 아무 관련이 없고 장학관의 다음 방문과도 아무 관련이 없다고 말하게 될 것입니다.

혹은 당신의 젊은 꿈이 성숙한 인간의 확고한 신념이 될 수도 있겠지요. 당신은 학교 안에서뿐만 아니라 학교 바깥에서도 모두를 위한 폭넓고 인간적인 교육을 바라게 될 것입니다. 그러나 지금의 조건 아래에서는 그런 교육이 불가능함을 알게 된 당신은 부르주아 사회의 토대 자체를 공격하게 될 것입니다. 그러면 교육부에 의해 쫓겨난 당신은 학교를 떠나 우리와 함께하게 될 것입니다. 그리하여 당신은 자신보다 나이는 많지만 교육을 적게 받은 사람들에게 앎이 얼마나 매력적인지 그리고 인류는 어떻게 되어야 하며 또 어떻게 될 수 있는지 말하겠지요.

젊은 예술가, 조각가, 화가, 시인, 음악가인 당신은 그토록 선조들에게 영감을 고취시켰던 신성한 불길이 오늘날 당신들에게 결핍되어 있음을 알아차리고 있나요? 그래서 평범하다 못해 보잘것없는 것들이 예술을 지배하고 있음을 알아차리고 있나요?

과연 예술은 달라질 수 있을까요? 오늘날의 작품에서는 고대 세계를 재발견하고 자연의 원천에 다시 힘을 얻는 기쁨, 르네상스의 걸작들을 만들어 냈던 그 기쁨을 찾을 수가 없습니다. 혁명적 이상은 오늘날까지 그 기쁨을 차갑게 내버려 두었고, 이념이 결여된 채 고작 리얼리즘에서 그 기쁨을 발견했다고 말합니다. 그러면서 오늘의 예술은 나뭇잎 위의 이슬방울을 천연색으로 사진 찍거나 소의 다리 근육을 모사하거나, 숨 막히는 하수구 진창이나 바람난 여자의 침실을 세밀하게 그리려 애쓰고 있습니다.

그렇다면, 무엇을 하라는 말인가? 당신은 묻겠죠.

나는 이렇게 답할 것입니다. 당신이 가졌다는 그 신성한 불길이 단지 연기를 뿜어내는 심지에 불과하다면, 당신은 지금까지 해 온 대로 계속할 테고 당신의 예술은 곧 소매상 살롱의 장식용이 되거나 소극笑劇의 대본을 쓰거나 평범한 신문의 문예란을 채우며 타락하고 말리라고. 실제로 당신들 대부분은 이미 이 타락의 경지에서 공허하기 그지없는 발걸음을 옮기고 있습니다.

하지만 당신의 심장이 인류의 심장과 함께 박동하거나, 참된 시인으로서 인간의 숨결을 들을 수 있는 귀를 가졌다면, 당신 주위에서 요동치는 이 고통의 바다 가운데서, 굶주림으로 죽어 가는 사람들과 광산에 쌓인 시신들, 바리케이드 둔덕 위에 쓰러져 있는 부상자들과 시베리아 벌판과 열대 섬 해안에 자신을 묻으러 가는 추방자들의 행렬 가운데서, 숭고한 투쟁이 전개되고 패배한 자들의 고통스런 신음 소리와 승리한 자들의 술판, 비겁에 맞서 싸우는 용맹, 숭고한 열성과 비열한 악의가 요동치는 와중에 당신은 중립인 채로 있을 수 없습니다. 당신은 억압받는 사람들의 편에 설 것입니다. 당신은 아름다운 것이, 숭고한 것이, 그리하여 생명 자체가 빛을 위해, 인류와 정의를 위해 싸우는 자의 편에 서야 함을 알기 때문입니다.

급기야 당신은 나를 가로막겠지요.

"제기랄!" 그리고 당신은 이렇게 말하겠지요. "추상 학문은 사치에 지나지 않고 의술의 실행은 사술邪術일 뿐이며 법은 불의에 지나지 않고 기술의 발견이 착취의 도구라면, 실천가의 지혜에 맞서는 학교는 극복되어 마땅하고 혁명적 사상이 비어 있는 예술은 타락할 수밖에 없다면, 그렇다면 내가 할 수 있는 일은 도대체 무엇인가?"라고 말입니다.

자, 나는 이렇게 답변할 것입니다.

"대단히 훌륭하면서 높은 수준의 흥미를 끄는 일이 있습니다. 이 일은 당신의 양심과 완벽하게 일치할 것이며 세상을 가장 숭고하고 가장 활기 있게 이끌어 줄 것입니다."

그게 어떤 일인가?

이렇게 묻는 당신에게 이제 응답하겠습니다.

3

당신은 계속 양심을 굽혀 마침내 "내가 모든 향락을 마음껏 누릴 수 있고, 세상 사람들은 바보 같아 내가 계속 그럴 수 있도록 놔두기만 한다면, 세상이야 망하건 말건 내가 알 바 무엇인가?"라고 말하게 되든지, 아니면 사회주의자의 편에 서서 사회의 완전한 개혁을 위해 사회주의자와 함께 일할 수도 있을 것입니다. 이것은 우리가 분석해 온 것의 필연적인 귀결입니다. 지적 존재라면 필연적으로 만나게 되는 논리적 귀결입니다. 주변에서 무슨 일이 일어나는지 정직하게 고찰하고 조금이라도 자신이 받은 부르주아 교육과 자신을 둘러싼 사람들의 타산적인 견해를 이겨 낼 수 있다면 말입니다.

이와 같은 결론에 도달한다면, 자연스럽게 다음 질문이 이어집니다.

"무엇을 할 것인가?"

이 물음에 대한 답은 어렵지 않습니다. 다만 당신이 자리 잡고 있는 환경, 흔히 민중은 다만 짐승의 무리에 지나지 않는다고 말하는 그런 환경에서 벗어나 이 민중에게 다가오세요. 그러면 대답은 스스로 드러날 것입니다.

　당신은 프랑스와 독일, 이탈리아와 미국 등 모든 곳에 특권층이 있는가 하면 억압당하는 자가 있음을 알게 될 것이며, 노동 계급 속에서 거대한 일이 벌어지고 있으며 그 목표는 자본주의 지배가 강제한 굴종의 사슬을 영구히 끊어 내고 정의와 평등의 기초 위에 선 사회의 초석을 만드는 데 있음을 알게 될 것입니다.

　오늘날 민중은 삶의 어려움에 대한 한탄을 노래로 표현하는 데 멈추어서는 안 됩니다. 당신의 가슴을 적시게 하는 노래는 18세기 농노들이 불렀고 지금도 슬라브 농부들이 부르고 있습니다. 하지만 오늘의 민중은 자신이 해 온 일을 자각하면서 모든 장애물에도 불구하고 민중 해방을 위해 애쓰고 있습니다.

　인류의 4분의 3에게는 다만 저주일 뿐인 삶이 아닌 인류 모두에게 행복한 삶이 되려면 무엇을 해야 할지, 그것을 알아내려고 민중은 부단히 사유하고 있습니다. 사회학의 가장 까다로운 문제를 공략하고 상식과 통찰력과 힘겨웠던 경험을 바탕으로 그 문제들을 해결하려 애쓰고 있습니다. 그들처럼 비참한 다른 사람들과 뜻을 함께하려고 그룹을 만들거나 조직화를 하고 있습니다. 그들은 소액의 회비로 힘겹게 유지되는 단체를 결성하기도 합니다. 국경을 초월해 뜻을 함께하려고 애쓰며 민중 사이에 전쟁이 일어날 수 없는 날을 미사여구를 남발하는 박애주의자들보다 더 훌륭하게 준비하고 있습니다. 그들은 형제들이 무엇을 하고 있는지 알려고, 그들과 더 친숙해지려고, 사상을 구상하고 널리 전파하려고(이를 위해 얼마나 많은 궁핍과 노고를 무릅써야 하는지!) 노동자 신문을 지원하고 있습니다. 마침내 때가 오면, 바리케이드의 보도를 붉은 피로 적시면서 가진 자들과 힘 있는 자들이 민중의 요구에 반해 자기만의 특권처럼 변질시킨 자유들을 쟁취하려고 분연히 일어설 것입니다.

얼마나 끈질긴 노력인가요! 얼마나 쉼 없는 투쟁인가요! 얼마나 다시 또 일어나 시작해야 하는 일인가요! 어떤 때는 지치거나 변절하거나 박해받아 떠난 빈자리를 채워야 했고, 어떤 때는 일제 사격이나 기관총 세례를 받아 흐트러진 전열을 다시 세워야 했으며, 또 어떤 때는 진영 전체가 절멸해 갑작스레 중단된 학습을 다시 시작해야 했습니다.

노동자 신문은 잠을 설치거나 먹거리조차 줄이며 사회로부터 지식의 조각을 가져와야 했던 사람들에 의해 만들어졌습니다. 노동자들이 일으킨 소요는 최소한의 삶의 조건에서 모은 푼돈으로 유지되었는데 마른 빵이 그대로 보급되는 일도 빈번했습니다. 이 모든 일이 기업주의 눈에는 다만 일꾼이며 노예에 지나지 않는 노동자가 사회주의 운동을 하고 있음을 알면 그의 가족이 소름 끼칠 정도로 비참한 궁핍 상태로 내몰릴 수 있다는 불안 속에서 일어나고 있는 것입니다.

바로 이런 것들을 당신은 보게 될 것입니다. 당신이 민중 속으로 들어간다면 말입니다.

그리하여 이 끝없는 투쟁 가운데서 난관의 무거운 압력 앞에 무너진 노동자들이 공허하게 외쳐 본 일이 어찌 한두 번뿐이었겠습니까.

"우리의 희생 덕으로 교육받은 젊은이들은 도대체 어디 있는가? 그들이 공부하는 동안 우리가 먹을 것을 주고 입을 것을 주었는데? 그들을 위해 등이 휘어지게 무거운 짐을 지었고 고픈 배를 움켜쥐고 집과 아카데미를 짓고 박물관을 지었는데? 그들을 위해 정작 우리 자신은 읽을 줄 모르는 이 멋진 책들을 창백한 얼굴로 인쇄했는데? 그리고 스스로 인간주의 학문에 정통하다고 말하는 교수들은 어디에 있는가? 그들에겐 인류의 가치가 한낱 착취자 무리의 가치에도 이르지 못한다는 것인가? 왜 그들은 자유에 관해 떠들면서 매일 짓밟히는 우리의 자유는 지켜 주지 않는가? 눈에는 눈물을 머금고 입으로는 민중을 말하지만 우리가 하는 일을 도우려 우리와 함께하는 일이 결코 없는 작가, 화가, 시인들은 그저 위선자일 뿐이지 않은가?"

어떤 사람은 비겁한 무관심 속에서 그저 평온하고, 이보다 더 많은 사람은 하층민을 경멸하는데 그들은 자신이 누리는 특권을 이 하층민들이 건드리려 하면 벌떼처럼 달려들어 막을 것입니다.

때때로 북소리와 바리케이드를 꿈꾸는 젊은이가 다가오기도 합니다. 그는 센세이션을 일으키는 장면에 이끌려 왔지만, 바리케이드의 길이 아주 멀고 일은 아주 고될 뿐이며 정복하겠다고 꿈꾼 월계관의 길이 실은 가시밭길임을 알아차리면 곧 민중의 대의를 저버리고 말 것입니다. 그들 가운데는 개인적 욕망을 충족시키려는 야망가가 적지 않은데, 그들은 그 개인적 욕망을 충족시키려는 앞선 시도들이 실패하자 민중의 표를 얻어 그걸 이루려는 것입니다. 그러나 나중에 그들은 자신이 주장한 원칙을 민중이 적용하려 할 때 앞장서서 반대 목소리를 내기도 하며, 심지어는 진영의 선두에 선 자신이 신호를 보내지 않았는데도 프롤레타리아가 먼저 움직이려 하면 그 프롤레타리아에게 대포를 겨냥하기도 할 것입니다.

이처럼 많은 사람으로부터 어리석은 모욕, 오만한 경멸, 비겁한 중상모략을 당하기도 하지만, 오늘 민중이 사회를 변화시키면서 부르주아 청년들로부터 받고 있는 모든 도움을 당신도 받게 될 것입니다.

여기서 당신은 또 물을 것입니다. "무엇을 할 것인가?"라고 말입니다. 모든 곳에서 해야 할 일이 많은데? 청년의 군단 전체가 그들의 젊은 에너지, 지적 능력과 재능의 모든 힘을 민중이 시작한 이 위대한 과업 속에서 민중을 돕는 데 어떻게 적용할지 찾아내야 할 것입니다.

순수과학을 사랑하는 당신이 사회주의의 원칙을 정확히 파악하고 있다면, 그래서 다가오는 혁명의 모든 의미를 이해하고 있다면 모든 과학이 새로운 원칙에 맞도록 다시 주조되어야 한다는 점을 알아차리고 있지 않나요? 과학의 영역에서 이뤄질 혁명은 그 중요성에서 18세기 과학 분야에 이뤄졌던 혁명을 뛰어넘지 않을까요? 오늘날 왕이나 위인 또는 의회의 위대함에 관한 상투적인 이야기에 지나지 않는 역사 또한 민중적 시각에서 인민대중이 인류 발전에서 이룩한 노동의 관점에서 온통 재주조해야 한다고 깨닫고 있지 않나요? 오늘날 자본가의 착취를 신성시하고 있을 뿐인 경제학도 그것의 수많은 적용뿐만 아니라 기본 원칙부터 새로이 구상되어야 할 것입니다. 마찬가지로 인류학, 사회학, 윤리학도 완전히 수정해야 할 것이며 자연과학 또한 새로운 관점에 입각하여 자연 현상을 이해하는 방식에서나 드러내는 방법에서 엄중한 변화를 받아들여야 할 것입니다.

자, 그렇게 하십시오. 하나의 대의를 위해 빛을 비춰 주십시오. 특히, 당신의 그 치밀한 논리로 오래된 편견을 극복할 수 있도록 학문을 종합해 더 나은 조직의 토대를 구축할 수 있도록 우리와 함께해 주십시오. 무엇보다도 참된 과학적 연구의 독창성을 우리의 추론에 적용할 수 있도록 우리를 가르쳐 주고, 진리의 승리를 위해 어떻게 자신의 삶을 희생하는지 그 모범을 우리에게 보여 주십시오!

의사인 당신은 고된 경험으로 사회주의를 이해하게 되었지요. 부탁컨대, 오늘, 내일, 매일, 그리고 기회가 생길 때마다 지금 같은 생존 조건과 노동 조건이 지속되면 인류는 타락의 길에서 벗어날 수 없음을 끊임없이 증언해 주십시오. 인류의 절대 다수가 과학이 요구하는 것과는 정반대의 조건에서 허송세월하는 한 약이 있어도 병을 낫게 할 수 없으며 병 자체보다 병의 원인이 제거되어야 한다고, 그리하여 병의 원인을 제거하려면 무엇을 해야 하는지 말해 주십시오. 당신의 메스를 들고 우리에게 오십시오. 파탄의 길에 들어선 이 사회를 확신에 찬 손으로 해부하십시오.

RENTON MINE BOSS WOULD HARNESS MEN TO COAL CARS
INSTEAD OF MULES.

노새 대신 사람이 석탄차를 끄는 현실.

그리고 우리에게 이성적인 존재는 어떻게 되어야 마땅하고 어떻게 될 수 있는지 말해 주시고, 참된 의사는 괴저병이 환자의 온몸으로 퍼지려 할 때 다리 하나를 절단하는 일 앞에서 머뭇거리지 않는다고 반복해 말해 주십시오.

과학기술을 산업에 적용하는 일을 해 온 당신은 그동안 당신이 알아낸 것의 결과가 무엇인지 우리에게 솔직히 말해 주십시오. 아직도 과감하게 미래를 향해 나아가기를 꺼리는 사람들이 그것을 알아차리게 해 주십시오. 이미 축적된 지식이 품고 있는 새로운 발명은 무엇인지, 더 나은 조건 아래 산업이 어떻게 달라질 수 있는지, 인간이 생산을 증가하고자 하면 얼마나 생산할 수 있는지 알게 해 주십시오. 당신의 직관과 실천적인 정신, 조직하는 재능 등 모든 역량을 착취자를 위해 봉사하기보다 인민에게 주십시오.

시인, 화가, 조각가, 음악가인 당신은 자신이 진정으로 해야 할 일이 무엇인지, 또 예술 자체가 무엇을 위해 있어야 하는지 알고 있다면, 당신의 펜, 붓, 끌을 혁명에 복무하도록 하십시오. 당신의 다채로운 문장과 인상적인 그림 속에 압제자에 맞서 싸우는 인민의 거대한 투쟁을 담아 주십시오. 젊은 가슴들에게 우리 조상을 고취하였던 저 아름다운 혁명의 숨결로 불타오르게 하고, 아내에게는 사회 해방의 대의를 위해 공헌하는 남편의 활동과 삶은 아름다운 것이라고 말해 주십시오. 오늘의 삶이 얼마나 추한 것인지 인민에게 보여 주고, 이 추함이 어디서 비롯되는지 우리에게 손가락으로 가리켜 주십시오. 그리고 이성적인 삶이, 그런 삶의 발걸음 하나하나가 오늘날 사회질서의 무능과 치욕과 맞닥뜨리지 않는다면 그건 어찌된 일인지 우리에게 말해 주십시오.

그리하여, 지식과 재능을 가진 당신이 그 위에 뜨거운 심장을 갖고 있다면 우리에게 다가올 것입니다. 당신과 동료는 자신의 지식과 재능이 가장 필요한 사람들에게 복무하려고 우리에게 다가올 것입니다. 하지만 이 점은 분명히 알아야 합니다. 당신이 우리와 함께한다면, 그것은 우리의 주인이 되려 함이 아니라 투쟁의 동료가 되기 위함입니다. 지배하려고가 아니라 미래를 정복하려고 앞으로 나아가는 새로운 환경 속에 당신 자신을 고쳐시키고자 함입니다. 가르치기 위해서라기보다는 대중의 갈망을 이해하고 알아내고 정확히 표현하려고, 그리하여 마침내 그것들이 청년의 모든 도약과 함께 삶 속에 녹아내리도록 부단히 활동하기 위함입니다. 그때라야, 비로소 그때라야 당신은 하나의 완전한 삶, 이성적인 삶을 살게 됨을 알 것입니다. 당신은 이 길에서 행한 당신의 모든 노력이 풍부한 열매를 맺는 모습을 볼 것입니다. 당신의 행동과 양심의 명령 사이에 세워진 일체감은 당신이 이전에는 짐작하지 못했던 힘을 당신에게 부여할 것입니다.

　　과연 당신은 인민의 품에서 진실과 정의와 평등을 위해 투쟁하는 것보다 더 아름다운 삶을 찾을 수 있을까요?

4

나는 지금까지 세 개의 긴 장章을 통해, 유복한 집안의 젊은이에게 인생이 던질 곤경의 관점에서, 용기 있고 성실하다면 틀림없이 사회주의자의 대열에 합류하여 사회주의자와 함께 사회 혁명의 대의를 껴안을 수밖에 없다는 점을 보여 주려 했습니다. 이 진리는 아주 단순명료합니다! 그럼에도 부르주아 환경의 영향을 받은 사람들에게 말하려 할 때면, 얼마나 많은 궤변과 싸워야 하고 얼마나 많은 편견을 극복해야 하며, 이해관계가 개입된 반대는 또 얼마나 물리쳐야 하는지요!

오늘날 청년 인민에게는 짧게 얘기해도 될 것입니다. 사건들이 당신을 사회주의자가 되도록 작용할 테니까요. 당신이 인식과 행동을 일치시키는 용기를 조금이라도 갖고 있다면 말입니다. 실상, 현대의 사회주의는 인민의 저 깊은 곳에서 나온 것입니다. 몇몇 부르주아 출신 사상가가 현대 사회주의에 과학적인 확인과 철학적인 지지를 제공한 것은 사실이지만, 그들이 서술한 사상의 기조는 노동 인민의 집합적 정신의 산물입니다. 오늘 우리의 가장 뛰어난 힘이 되고 있는 '이성적 사회주의 인터내셔널'도 인민 대중의 직접적인 영향 아래 노동자 조직 속에서 만들어진 것이 아니었나요? 몇몇 작가가 그들의 역량으로 이 조직 구성 작업에 참여한 것은 사실이지만, 그것이 노동자 사이에 이미 드러나 있는 갈망을 글로 표현한 것과 무엇이 다른가요?

노동하는 인민의 대열에서 벗어나고 사회주의의 승리에 헌신하지 않는다는 것, 그것은 자신의 이해관계를 몰각하고 자신의 대의와 역사적인 사명을 부정하는 것입니다.

아직 어린 시절, 추운 겨울 어느 날 골목길에 놀러 나갔던 때를 기억하나요? 겨울의 추위는 당신의 그 얇은 옷을 헤집고 당신의 어깨를 떨게 했고 진흙은 당신의 찢어진 신발 안으로 온통 스며들었지요. 멀리서 토실토실하고 아주 좋은 옷을 입은 아이가 거만한 표정으로 당신을 바라보면서 지나가는 모습을 보았을 때, 당신은 맵시 있게 몸치장을 한 그 아이들이 지성과 상식과 에너지에서 당신이나 당신 친구들에 비해 뒤떨어짐을 충분히 알았습니다. 그러나 나중에 당신은 새벽 대여섯 시부터 매일 12시간 시끄러운 소리를 내는 기계 옆에서, 기계의 그 무자비한 속도를 매일매일 여러 해 쉼 없이 따르느라 자신이 기계가 된 채 더러운 작업장 안에 갇혀 있어야 하는데, 그동안 다른 사람들은 아무 걱정 없이 멋진 아카데미와 학교, 그리고 대학을 다닙니다. 그리고 그 아이들은 교육을 받았기에 지금 당신의 상급자가 되고 인생이 주는 모든 즐거움과 문명의 모든 혜택을 누리게 됩니다. 그렇다면 당신은? 무엇이 당신을 기다리고 있을까요?

당신은 어둡고 칙칙한, 대여섯 사람이 살기에는 너무 비좁은 몇 제곱미터의 공간에 지나지 않는 작은 아파트에 들어갈 것입니다. 거기서 삶에 지치고 나이보다는 근심 때문에 더 늙은 당신의 어머니가 빵과 감자 그리고 아이러니하게도 카페라고 부르는 거무스름한 액체를 음식이라고 당신에게 내줄 것입니다. 거기서 당신이 하는 심심풀이라고는 내일 빵 값은 어떻게 마련하고 모레 집세는 어떻게 지불할 것인지 궁리하는 매일 똑같이 만나는 질문밖에 없습니다.

뭐라고! 당신 부모가 삼십 년, 사십 년 동안 끌어온 그 비참한 삶을 당신도 이어 가야 한다고요? 몇몇 사람에게 번영을, 학식과 예술을 향유하게 해 주는 대신 자신은 먹을 빵 걱정을 하려고 평생 뼈 빠지게 일해야 한다는 말인가요? 인생을 아름답게 해 주는 모든 것을 영영 포기하고 모든 이익을 한 줌뿐인 게으름뱅이들에게 바치려고 헌신하라는 건가요? 노동으로 소모되고 고통밖에 모르는 삶이지만 그래도 비참한 건 아니라고요? 하지만 일자리마저 잃는다면? 이게 당신이 삶을 통해 갈망하는 건가요?

어쩌면 당신은 체념했을지도 모릅니다. 상황이 어떻게 전개될지 예감하지 못하는 당신은 이렇게 말할 것입니다. "모든 세대 전체가 똑같은 숙명을 참고 견뎠는데 어떻게 내가 그것을 바꿀 수 있겠어. 나 또한 그저 겪는 수밖에. 그러니 일이나 하세. 그저 최선을 다해 살아 보도록 애써 보세."

좋습니다! 하지만 삶 자체가 당신을 일깨워 주겠지요.

어느 날 위기가, 지난날의 일시적인 그런 위기와는 다른 위기가 닥칠 것이며, 그러면 산업 전체가 직격탄을 맞아 죽고 수천의 노동자를 비참에 몰아넣고 수많은 가족에게 죽음을 안겨 줄 것입니다. 당신은 다른 사람들처럼 이 참화에 맞서 싸우겠지요. 곧 당신은 아내와 아이가, 친구가 어떻게 결핍으로 시들고 시력이 약해지는지, 식량이 부족하고 치료받지 못해 초라한 침대에서 급기야 죽어 가는지를, 그런 한편 대도시의 햇빛 밝은 거리에서는 즐거운 삶이 죽어 가는 사람에게는 무심한 채 영위됨을 알게 될 것입니다. 그때 당신은 이 사회가 견딜 수 없는 것임을 알게 될 테며, 위기의 뿌리에 관심을 갖게 되고 수천의 인간이 한 줌뿐인 무위도식자의 탐욕에 노출되어 있는 불공평의 모든 심층을 탐색하게 될 것입니다. 그러면 당신은 오늘의 사회가 위에서부터 아래까지 완전히 바뀌어야 하며 바뀔 수 있다고 말하는 사회주의자가 옳음을 알게 될 것입니다.

또 어느 날, 당신의 고용주가 당신의 적은 봉급을 다시 또 줄여서 자신의 재산을 그만큼 늘리려 할 때 당신이 항의하면 그는 거만한 어조로 이렇게 대답할 것입니다. "풀이나 뜯어 먹으러 꺼져! 이 봉급으로 일하기 싫다면 말야." 그때 당신은 고용주가 당신을 양처럼 착취할 뿐만 아니라 당신을 열등한 종자로 취급하여 임금 제도로 당신을 발톱 밑에 놓고 지배하는 데 만족하지 않고 당신을 모든 면에서 노예로 부리려 함을 알게 될 것입니다. 그래도 당신은 허리를 굽히고 인간의 존엄성을 포기하며 결국 숱한 모욕을 당할 것입니다. 혹은 피가 머리끝까지 솟구친 당신이 바닥으로 굴러 떨어지고 있는 데 전율하여 고용주에게 대들 것입니다. 일자리를 잃고 길바닥으로 쫓겨난 당신은 사회주의자들이 "일어나라! 경제적 노예제에 맞서 분연히 일어나라! 경제적 노예제는 모든 노예제의 뿌리다!"라고 말할 때 그들이 옳음을 알게 될 것입니다. 당신은 사회주의자의 대열에서 당신의 자리를 가질 것이며 모든 노예제, 경제적, 정치적, 사회적 노예제를 폐지하려고 사회주의자와 함께 싸울 것입니다.

그리고 이런 날도 있겠지요. 당신이 예전에 무척 사랑했던 소녀의 이야기를 듣게 될 것입니다. 그녀는 순박한 눈매와 날씬한 자태를 갖고 있었고 대화도 유쾌하게 할 줄 알았지요. 여러 해 동안 비참한 삶에 맞서 싸운 뒤에 그녀는 마을을 떠나 대도시로 향

했습니다. 거기서도 생존을 위한 투쟁이 쉽지 않다는 것은 알고 있었지만 그래도 정직하게 먹고살 수 있으리라 기대했지요. 하지만 지금 그녀가 어떻게 되었는지 당신은 알고 있습니다. 부르주아 출신 젊은이의 구애를 받은 그녀는 그 남자의 감언이설에 속아 청춘의 열정으로 헌신했습니다. 그러나 1년 뒤에 결국 버림받고 말았습니다. 그녀에게는 팔에 안긴 아이만 남았지요. 그럼에도 용기를 잃지 않고 발버둥 쳐 보았지만 배고픔과 추위에 맞선 이 불공평한 싸움에서 무너졌고 결국 이름도 알 수 없는 병원에서 숨을 거두고 말았습니다. 그러면 당신은 무엇을 하겠습니까? 어쩌면 당신은 "그런 일이 뭐 한두 번 있는 일인가……."라고 지껄이면서 추억이 남긴 불편한 심경을 떨쳐 버리려 하겠지요. 그리고 어느 날 저녁 카페에서 사람들은 부랑배 무리 속에서 당신이 그녀에 대한 기억을 더러운 말로 훼손하는 모습을 보게 될 것입니다. 또는 그 추억이 당신의 심장을 뒤흔들어, 당신은 그 비열한 난봉꾼을 찾아내 그의 면전에서 단죄할 것입니다. 당신은 이런 사건이 매일 반복되는 원인을 곰곰이 생각하게 될 것이고, 한쪽에는 비참한 사람들이 있고 다른 쪽에는 미사여구와 거친 욕망을 가진 무위도식의 향락자들이 있는 두 진영으로 사회가 나누어져 있는 한, 그런 사건들은 멈추지 않으리라는 것을 알게 되겠죠. 당신은 이 분리의 구렁을 메워야 할 시간이 도래했음을 알아차리고 사회주의자의 대열에 함께하려고 달려올 것입니다.

그리고 당신들, 인민의 아내들은 앞의 이야기가 나와 상관없는 남의 이야기로 들리나요? 당신 옆에 엎드려 있는 아이의 금발을 쓰다듬으면서, 지금 같은 사회가 바뀌지 않을 때 그 아이의 앞날에 어떤 일이 일어날지 생각해 보았나요? 당신의 아이와 여동생에게 어떤 미래가 기다리고 있는지 생각해 보지 않았나요? 당신의 아들들 또한 당신의 아버지처럼 그저 빵 걱정만 하면서 배를 채우고 기껏해야 선술집 말고는 그 어떤 즐거움도 없는, 그렇게 보람 없는 삶을 살기를 바라나요? 당신의 남편과 아이가 살아 있는 내내, 남을 착취할 수 있도록 아버지 재산을 물려받은 사람의 처분에 맡겨지길 바라나요? 끝내 고용주의 노예로, 권력자의 총알받이 병사로, 부자들 밭에 비료로 쓰이는 두엄으로 남기를 바라나요?

절대로 안 되지요! 절대로! 나는 알고 있습니다. 당신의 남편이 파업을 요란하게 시작했지만 결국 부르주아 부자가 거만한 어조로 강요한 조건을 모자를 벗고 공손하게 받아들였다는 소식에 당신의 피가 끓어올랐다는 것을. 인민 봉기가 일어났을 때 맨 선두에 나서서 병사들의 총검 앞에 가슴을 들이댔던 스페인의 부인들을 당신이 찬탄했다는 것도 나는 알고 있습니다. 당신은 감옥에 갇힌 사회주의자를 모욕한 권세가의 가슴에 총알을 박은 한 여성의 이름을 찬탄과 함께 거듭 되뇌기도 했지요. 또한 당신은 파리 인민의 부인들이 영웅적으로 싸우는 남편에게 용기를 북돋워 주려고 쏟아지는 포탄 아래 모였다는 얘기를 읽으면서 심장이 뛰기도 했습니다.

나는 이런 점을 잘 알고 있고 그래서 당신 또한 미래를 정복하려고 활동하는 사람들과 함께하리라고 의심치 않는 것입니다.

성실한 청년인 당신, 남자든 여자든, 농민, 노동자, 피고용인이든 병사든, 당신은 자신의 권리를 깨닫고 우리와 함께할 것입니다. 당신은 모든 노예제를 폐지하고 압제의 쇠사슬을 끊고 고루한 전통을 무너뜨려 인류 전체에게 새로운 지평을 여는, 그리하여 마침내 참된 평등, 참된 자유를 인류 사회 안에 이룩할 혁명을 준비하는 당신의 친구들과 함께 활약할 것입니다. 모든 사람을 위해 모두 노동하고, 모든 이의 노고와 능력의 열매를 모든 이가 함께 누리는 합리적이며 인간적이며 행복한 삶을 이루기 위해!

그 어느 누구도 우리가 작은 무리에 지나지 않아서 우리가 겨냥하는 위대한 목표를 이루기에는 아주 약하다는 얘기를 꺼내지 못하도록 해야 합니다.

불의로 고통받는 우리의 수가 얼마나 되는지 한번 세어 봅시다. 농민은 남을 위해 일할 뿐이어서 알곡은 주인에게 빼앗기고 겨죽을 먹습니다. 우리는 수백만에 이를 정도로 많아 우리만으로 충분히 인민 대중이 됩니다. 비단과 벨벳 짜는 우리 노동자는 그러나 누더기를 걸치고 있을 뿐입니다. 우리는 수없이 많습니다. 공장의 호각 소리가 우리에게 잠시 동안의 휴식을 허용할 때, 우리는 포효하는 바닷물처럼 거리와 광장을 가득 메울 것입니다. 엄하게 훈련받고 명령에 따르는 사병인 우리는 장교가 훈장을 받을 때 다만 총알받이가 될 뿐입니다. 그런데도 바보 같은 우리는 지금 우리 형제를 사살할 때까지도 알아차리지 못했습니다. 우리가 방향만 반대로 돌리기만 해도 지금까지 우리에게 명령을 내렸던 사관들을 파랗게 질리게 할 수 있습니다. 고통받고 모욕당한 우리는 거대한 대중입니다. 우리는 모든 것을 삼켜 버릴 수 있는 대양입니다. 우리가 의지를 가진다면 정의가 이루어지는 것은 한순간만으로도 충분할 것입니다.

크로포트킨의
삶과 사상

하승우

표트르 알렉세예비치 크로포트킨은 19세기 말, 20세기 초의 대표적인 아나키스트 혁명가이자 이론가, 지리학자이다. 모스크바 명문 귀족 집안에서 태어나 상트페테르부르크의 근위 학교를 수석으로 졸업했고, 황제의 시종무관으로 일하기도 했다. 당시 농노를 해방시키며 개혁 정책을 펼치던 러시아 황제 알렉산드르 2세에게 잠깐 기대를 품기도 했지만, 어떠한 반대도 받아들이지 않고 잔인하게 반란을 진압하는 황제의 모습을 보며 황실을 떠나 자유로이 공부할 수 있는 시베리아로 떠났다. 그곳 시베리아에서 감옥 개혁과 지방 자치에 관한 행정을 맡으며 크로포트킨은 정부가 얼마나 잔인하고 무능한지 깨달았다.

　황실과 군대에 회의감을 느낀 크로포트킨은 관직을 버리고 아시아와 유럽 여러 곳을 탐사하며 독일의 지리학자 훔볼트의 오류를 바로잡는 등 여러 학문적인 성과를 인정받았다. 그 덕에 크로포트킨은 러시아지리학협회의 사무직을 제안받기도 했다. 그렇지만 스위스에서 아나키스트 공동체인 '쥐라 연합'을 접하고 그 매력에 빠진 그는 사회주의자가 되기로, 더 정확히는 아나키스트가 되기로 결심했다. 그리고 러시아로 돌아와 미신과 편견,

착취와 억압에 저항하는 비밀 조직인 '차이코프스키단'에 가입해 혁명 운동에 참여했다.

이 활동으로 1874년, 32살에 크로포트킨은 러시아 당국에 체포되어 정치범으로 감옥에 갇혔다. 하지만 2년 뒤 병을 얻어 병원 감옥으로 이송되었고 감시가 느슨한 틈을 타 동료들의 도움으로 탈출했다. 그 뒤 크로포트킨은 영국, 프랑스, 스위스 등지에서 글을 쓰고 《반란》, 《자유》 등의 잡지를 만들며 사회주의 아나키즘 운동을 주도했다.

'나는 무엇이 되고자 하는가?'라는 물음은 크로포트킨의 삶을 움직인 에너지였고, 그는 운명이 아니라 자신이 선택한 삶을 살고자 노력했다.

그렇게 온 열정을 바쳤지만 그는 성공한 혁명가로 살지는 못했다. 러시아 감옥에서 탈출한 뒤 영국에서 활동하다 예전에 방문했던 스위스로 갔고, 러시아 황제의 암살로 스위스에서 추방되자 영국을 거쳐 다시 프랑스로 갔다. 프랑스에서는 노동자들의 파업에 참여하다 선동죄로 체포되어 3년형을 선고받아 감옥에 갇혔고, 감옥에서 풀려난 뒤에는 영국으로 가서 여러 책을 쓰며 아나키즘 이론을 만들었다. 그러다 1917년 러시아 혁명 소식을 듣고 그해 6월 러시아로 귀국했지만 크로포트킨은 당시 농민과 노동자에게 권력을 넘겨주기 꺼리던 임시 정부의 편이 될 수 없었다. 1917년 10월 혁명이 일어난 뒤에도 크로포트킨은 볼셰비키의 독재에 불만을 품었고 "지금 러시아를 지배하는 것은 소비에트가 아니라 당위원회들"이고 그런 상황을 계속 방치하면 "쟈코뱅들의 지배 이후 프랑스에서 40년 동안 평등 사상이 저주로 변했듯이 '사회주의'라는 말 자체가 저주로 변할 거요."라는 항의 편지를 레닌에게 보내기도 했다. 이후 볼셰비키 정권이 아나키스트 조직을 탄압하고 파괴하자 지병이 악화되어 1921년 2월, 79살의 나이로 쓸쓸히 사망했다.

경험에서, 민중의 삶에서 길어 올린 크로포트킨의 학문

크로포트킨은 혁명가가 아니었다면 아마 학자가 되었을 것이다. 그는 상트페테르부르크에서 보낸 유년 시절부터 시베리아에서 보낸 청년 시절까지, 아니 평생 공부하는 재미에 푹 빠진 사람이었다. 그는 호기심으로 가득 찬 연구자이자 시리학자였다. 그런데 그는 혼자서 기뻐하는 학문에 만족하지 않았다. 그는 학문이 어떤 개인의 소유가 아니라 모든 사람과 나눌 수 있는 공유물

이어야 한다고 믿었고, 자유로운 사회를 만들어야 그렇게 즐거운 학문을 민중과 나눌 수 있으리라 믿었다.

"민중은 알고 싶어 한다. 그들은 배우고 싶어 하며 배울 수 있다. …… 그들은 기회와 방법과 시간만 주어진다면 자신의 지식을 확장할 준비가 되어 있었다. 내가 이 사람들을 위해 나아가야 할 방향은 바로 이것이었다. 말로만 인류의 진보를 역설하는 진보주의자, 농민과 함께 앞으로 나아가는 체하면서 실은 농민으로부터 멀리 떨어져 있는 그들은 단지 자신의 모순을 감추는 데 급급하여 궤변만 늘어놓고 있었다."

그는 자신의 명성을 높이기 위해서가 아니라 민중과 지식을 나누려고, 그런 자유로운 사회를 만들려고 혁명 활동을 벌이면서도 공부에 열중했다. 그래서 그에게 학문은 혁명과 분리될 수 없었다.

좋은 집안에서 태어난 운동가들이 자신의 삶을 과거와 단절시켜 현재를 정당화하고 미래를 장악하려 했다면, 크로포트킨이 단절하려 한 것은 학문이나 삶이 아니었다. 대신 그는 이제까지 자신이 누려 온 기득권과 단절했다. 그는 옛날에 자신이 누렸던 귀족의 삶을 애써 부인하지 않았고, 다른 혁명가들은 그를 비꼬아 "아나키스트 공작"이라 부르기도 했다. 그렇지만 크로포트킨

은 귀족의 아들, 근위 학교의 장교라는 엘리트 코스를 밟았기에 국가의 실체와 모순을 신랄하게 파악할 수 있었다. 크로포트킨의 국가주의 비판은 책에서 배운 지식이 아니라 정부 관료로 일하며 느낀 경험이었다. 크로포트킨은 시베리아에서 관료로 일하며 "행정 기구는 절대로 민중을 위해 유용하게 사용될 수 없다는 깨달음"을 얻었고, 국가에 대한 환상에서 벗어나 "인간과 인간성뿐 아니라 인간 사회의 내적인 원천을" 그리고 "문서에는 좀처럼 등장하지 않는 이름 없는 민중의 건설적인 노동이 사회의 발전에 얼마나 중요한 역할을 하는지"를 깨달았다.

지리학에 바탕을 두고 자연과 민중의 삶에 관심을 쏟았기에 크로포트킨은 민중에 대한 무한한 신뢰를 기를 수 있었다. 시베리아에서 크로포트킨은 "가장 선한 사람과 악한 사람, 최상류 계층과 밑바닥 생활을 하는 최하류 계층, 부랑자와 계도가 불가능한 상습범 등 실로 다양한 인간 군상"을 만났고, "농민들의 풍속과 관습을 충분히 관찰할 수 있었다."라고 자서전에 적었다. 크로포트킨은 공장 노동자가 아니라 러시아의 농촌 공동체, 작고 자율적인 부족에게서 좋은 삶의 원형을 볼 수 있었다. 크로포트킨은 "나는 내가 이전에 고이 간직해 온 국가 규율에 대한 그 모든 신념을 시베리아에서 버렸다고 말할 수 있다. 나는 아나키스트가 될 준비를 했다."라고 말했다.

이처럼 크로포트킨이 귀족의 작위를 버리고 혁명가의 길을 선택할 수 있었던 것은 이론적인 학습이나 관념적인 동경이 아니라 구체적인 경험 덕분이었다. 그는 자신이 누구와 더불어 살아야 하는지 몸과 마음으로 깨달았고, 이런 깨달음은 죽는 날까지도 국가나 자본과의 타협을 거부할 수 있는 힘을 줬다.

크로포트킨은 무정부 사회를 꿈꿨을까?

그렇다면 크로포트킨은 어떤 세상을 꿈꿨을까? 아나키즘은 단순히 국가를 부정하는 무정부주의가 아니라, 모든 형태의 강제적인 폭력에 맞서는 반강권주의反强權主義이다. 그래서 아나키스트는 국가만이 아니라 자본의 폭력에도 의연히 맞섰다. 그리고 이 폭력에 맞서는 방법은 하나가 아니다. 어떤 이상적인 설계도를 놓고 혁명을 추구하는 것은 자율적인 활동보다 이론에, 현실보다 환상에 의존하도록 하기에 크로포트킨은 투쟁하는 민중이 스스로 구성하는 질서를 지지했다. 아나키즘은 어떤 완전하고 완벽한 질서가 아니라 다양한 질서를 만들려는 실천이다.

크로포트킨이 살던 시기의 아나키스트는 황제나 대통령을 암

살하고 자본가가 드나들던 카페에 폭탄을 던지는 등 폭력적 활동도 서슴지 않았다. 신채호나 유자명 등 한국 아나키스트도 무력 혁명이나 암살을 사회 혁명의 방법으로 받아들였다. 그렇지만 크로포트킨은 그런 폭력적 활동을 모두 지지하지는 않았다. 강권에 맞서려는 의연한 결의는 꼭 필요하지만, 민중과 함께 사회를 바꿔야 하기에 혁명가는 가급적 폭력을 억제해야 한다. 크로포트킨은 민중의 지지를 얻을 수 있는 경우에만 폭력의 사용을 인정했다. 크로포트킨에게는 탁월한 혁명가 몇몇보다 스스로 일어서는 민중이 훨씬 중요했다. 그의 《상호부조론》은 치열한 삶의 투쟁에서 살아남으려면 '함께함', 즉 협동과 연대가 다른 무엇보다 중요하다고 강조했다.

　보통 크로포트킨의 사상을 아나코-코뮌주의라고 한다. 일반적으로 주의-ism라고 하면 어떤 완벽한 이론 체계를 떠올리게 되지만 아나키즘은 그런 이론은 아니었다. 인류학자 데이비드 그레이버의 표현을 빌리면, 아나키즘은 추상적인 이론보다 행동 강령에 가까운 실천 철학이다. 사람의 다양한 실천이 한 가지로 정리될 수 없듯이 아나키즘 내에도 모든 조직을 거부했던 아나키스트, 노동조합이 국가와 자본주의를 대체하리라 기대했던 아나키스트, 자율적인 공동체가 국가를 대체하리라 기대했던 아나키스트 등 다양한 흐름이 있었다. 크로포트킨의 입장은 그 가운데 자율적인 공동체, 즉 코뮌을 강조했다. 크로포트킨은 다양한 형태의 자율적인 코뮌이 만들어지고 그런 코뮌이 다양한 방식으로 연합하는 질서를 지지했다.

이런 질서는 당시에 연방주의라는 이름으로 불리기도 했는데, 당시 세계의 실제 흐름과는 많이 달랐다. 유럽에서는 프랑스 혁명 이후 새로운 국가를 만드는 것이 주요한 흐름이었다. 사회주의자들도 혁명을 지키려고 혁명 이후에도 강력한 국가, 노동자계급의 독재가 필요하다고 주장했다. 자본주의든 사회주의든 강한 국가가 자신의 목적을 실현시키리라 믿었다.

당시 연방국가로 잘 알려진 국가는 캐나다와 미국 정도였다. 크로포트킨은 1897년과 1901년에 북아메리카를 직접 방문했고, 미국의 금권 정치와 자본주의를 비판했지만 민중의 자발성과 협동, 농업에 바탕을 둔 사회 발전과 연방주의를 지지했다. 미국 기자들과의 간담회에서 크로포트킨은 자신을 "열광적인 연방주의자"라고 밝히며 "심지어 지금의 조건에서도 정부의 기능들이 지역으로 분권되면 더 많은 이점을 가질 수 있"고 미국의 연방주의가 "유럽의 중앙집권적인 국가보다 한걸음 앞섰다."라고 평가했다.

그래서 크로포트킨은 다른 아나키스트와 달리 러시아 소비에트의 연방화를 지지했다. 크로포트킨은 권력이 분산된 연방공화국을 지지했고 지방 자치가 실시되는 '비非국가연방'을 구상했다. 즉, 크로포트킨의 반反국가주의는 국가나 권력 자체를 거부한다기보다는 위로부터 강요되는 국가, 아래에서 위로 올라오는 민중의 의지를 거부하는 국가를 반대하는 것으로 해석될 수 있다. 이런 입장은 아나키즘의 반反정치 성향을 누그러뜨리고 근대 국가의 질서와 다른 정치, 비非근대 정치의 가능성을 열었다. 그런 점에서 중요한 논점은 단순히 국가 권력을 거부하느냐 아니냐의 문제가 아니라, 억압적이지 않은 질서를 어떻게 만들 것인가, 고정되고 확정된 질서가 아니라 아래로부터의 변화를 계속 반영할 수 있는 정치를 어떻게 실현할 것인가였다.

크로포트킨이 꿈꾼 공동체의 모습

크로포트킨은 이런 질서가 정치와 경제 모두에서 구현되어야 새로운 사회가 지속될 수 있다고 믿었다. 아나키즘이 국가주의와 자본주의에 반대하며 자치와 자급을 강조하는 것은 단순한 수식어가 아니다. 국가주의는 단순히 중앙집권화된 국가의 성장이나 그 국민적인 찬양과 열광만으로 설명될 수 없고, 거대화되고 산업화된 자본주의의 발전과 그 궤를 같이했다. 크로포트킨이 연방주의의 토대로 길드와 촌락 공동체를 강조한 것은 작은 규모 때문만이 아니라, 그 속에서 유지되던 상호부조의 관습과 공동 경작, 협동조합, 공제조합이 정치 질서를 뒷받침하는 사회이기 때문이었다.(크로포트킨은 작은 규모의 자율적인 도시나 부락이 많았던 중세 사회를 지나치게 이상적으로 묘사하고 그 내부의 가부장적이고 관습화된 질서를 간과했다는 비판을 받기도 했다.) 스스로 먹을거리를 장만하고 필요한 물품과 서비스를 마련할 수 있다면, 부족한 부분을 다른 코뮌과 교류하며 채울 수 있다면, 그런 사회는 침략과 전쟁을 벌일 필요가 없다.

그런 점에서 크로포트킨은 국가와 전쟁, 자본주의 발전과의 연관에 주목했다. 그는 "자본가를 만드는 것은 빈곤이다. 빈민의 수가 중세에 아주 빠른 속도로 늘어났다면 그것은 국가의 수립에 뒤이은 침략과 전쟁 때문이고, 동양을 착취해 가져온 부의 증가 때문이다. 이것은 한때 농촌 공동체와 도시 공동체를 결합시켰던 유대 관계를 산산조각 내었고, 예전에 실천했던 연대가 아니라 착취하는 자들에게 아주 소중한 임금 원리를 요구하도록 가르쳤다."라고 강조했다. 적은 임금을 받으며 노예처럼 일하는 사람이 시민으로 살아가는 것은 불가능하다. 크로포트킨은 임금 제도를 없애고 살림살이의 관계성을 회복하는 것이 매우 중요하다고 봤다.

이런 생각을 담은 《빵의 쟁취》는 "인류애의 필요성과 그 필요를 만족시키기 위한 경제적인 수단에 대한 연구"라는 부제를 달았다. 《빵의 쟁취》는 지금 소수의 기득권층이 부당하게 소유하는 생산 도구와 결과물이 실제로는 인류 전체의 성취이며 "모든 것은 모든 사람에게 속한다."라고 주장했다. 크로포트킨은 이런 새로운 살림살이 질서는 개인의 능력을 보상하는 임금 제도와 그 능력을 평가하고 임금을 분배하는 특정한 권위에 의존할 수 없다고 봤다. '임금 노예'가 존재하는 이상 자본주의를 극복하는 것은 불가능했다. 크로포트킨은 개인이 저마다 자신에게 필요한 것을 판단하고, 얼마만큼 노동에 기여했는지와 상관없이 필요하다고 생각하는 것은 무엇이든 공동 창고에서 꺼내 오는 질서를 구상했다.

크로포트킨은 마르크스가 주장했던 "능력에 따라 일하고, 필요에 따라 분배한다."라는 질서를 먼 미래의 공산주의 사회가 아니라 지금 당장 이곳에서 실현할 것을 요구했다. 이 요구는 근거 없는 낙관주의가 아니라, 다른 사람의 강요로 지칠 때까지 일하

지 않는다면 우리가 다른 윤리를 스스로 만들 수 있다는 자신감
이었다. 서로의 사정을 아는 작은 코뮌으로 나뉜다면 물건이 썩
어서 먹을 수 없을 때까지 방치하지 않으리라고 크로포트킨은
생각했다. 생산 도구가 모든 이를 위해 쓰일 때 노동자는 임금 노
예 제도에서 자유로워지고, 노동자가 좋은 작업장에서 일할 때,
군수품과 사치품이 더 이상 생산되지 않을 때에는 모든 이의 필
요가 충족될 수 있다. 그런 사회에서 사람들은 20세부터 40세까
지 일하고 하루 네다섯 시간만 일해도 삶을 누릴 수 있다.

따라서 크로포트킨은 국가 권력만이 아니라 산업의 분권화를
강조했고, 산업화 자체를 거부하지는 않았지만 농업의 중요성을
강조했다. 크로포트킨에게 진보란 각 지역이 만들어진 재화의
생산자이자 소비자가 되는 것, 즉 "지역 내 이용을 위한 생산"을
뜻했고, 그는 농업의 중요성을 특히 협동 노동의 가능성을 강조
했다. 그리고 크로포트킨은 농업 기술의 발전에 주목하면서 "농
업과 공업의 결합, 한 개인이 농부이자 기계공이 되는" 길을 열어
야 한다고 강조했다. 이런 생활로 인간은 온전히 자신을 실현하
며 살 수 있으리라 기대했다. 이런 관점에서 크로포트킨은 당시
소농과 지방 소공업의 몰락을 경제발전의 자연스러운 과정이라
보며 그것을 당연시했던 자본주의 경제학자와 사회주의자 모두

를 비판했다. 그리고 토지와 공장의 독점, 도시로의 집중이 사회에 큰 해를 입히리라 경고했다.

그렇지만 근대국가와 자본주의의 발전이 크로포트킨의 구상을 방해했기에, 크로포트킨은 자신의 삶이 그러했듯이 그런 경험을 확산하는 것이 중요하다고 믿었다. 그런 과정에서 중요한 역할을 맡는 것이 바로 교육이었다. 소농과 소공업이 하나의 뿌리를 가지듯이, 크로포트킨은 두뇌 노동과 육체 노동 또한 통합되어 "눈과 손을 통해 두뇌로" 가는 교육을 지향해야 한다고 강조했다. 그리고 이런 교육으로 삶에 뿌리를 둔 생산적인 기술이 널리 확산되어 각 지역의 다양성이 살아난다면 자급하고 자치하는 공동체가 더 이상 불가능한 공상일 수 없었다.

크로포트킨의 책 《들판과 공장, 작업장》은 더 나은 조직의 모델을 "산업과 농업의 결합, 두뇌 노동과 육체 노동의 결합"에서 찾았다. 그는 정신 노동과 육체 노동이라는 해로운 구분을 강요하는 노동 분업을 거부했다. 그는 지금의 학교가 "게으름을 가르치는 학교"라고 불평했다. "깊이가 얕은 날림 교육과 기계적으로 되풀이되는 반복, 노예근성, 정신의 굼뜸이 우리 교육 방식의 결과이다. 우리는 아이들에게 배우라고 가르치면 안 된다."

그렇다면 무엇을 해야 할까? 크로포트킨은 몸과 마음 모두를 발달시키는 '통합교육'을 강조했다. 학교는 고전 문학, 수학과 과학의 기본 원리를 가르쳐야 하지만 그 원리를 책으로만 가르치지 말고 활동적인 야외학습을 통해 직접 행동하고 관찰하면서 배워야 한다. 크로포트킨은 지금의 대안학교들이 주장하는 바를 일찌감치 주장했다.

함께 살자며 손잡는 동료로, 곁에 살아 있는 크로포트킨

지금까지 살펴봤듯이 크로포트킨은 자본주의 경제를 세밀하게 분석하지 않았지만 어떤 관점을 가지고 경제적 전망을 세워야 하는지 분명하게 밝혔다. 그리고 현실을 바라보는 관점이 삶과의 연관성을 잃어버리고 어떤 법칙이나 이론의 틀에 갇혀 버릴 때 그 관점은 오랜 세월 누적되어 온 삶의 지혜를 망각할 수밖에 없다는 점을 경고했다. 마찬가지로 지금 우리에게 필요한 것은 경쟁과 집중화의 현실에서 살아남기 위한 단기적인 처방이 아니라 근본적으로 삶의 기반을 재구성할 관점과 지혜이다.

크로포트킨의 책 가운데 가장 많이 알려진 《상호부조론》은 단순히 인간이 서로를 도와야 한다는 이타주의나 도덕규범을 주장하지 않았다. 나다운 삶, 인간다운 삶을 살기 위해, 내가 자신이나 타자에게 상처를 주지 않기 위해 우리는 끊임없이 내면의 목소리에 귀를 기울이고 자신의 힘을 타인과 공유해야 한다. 자기 안의 생명력의 근원을 인식하고 그것을 외부로 드러내는 사람들, 내가 알고 가지고 품고 있는 것이 온전히 자신에게만 속하지 않음을 깨닫고 그것을 더불어 누리려 하는 사람들, 나누고 싶어 어찌할 바를 모르는 사람들은 나를 나답게 하기 위해, 너를 너답게 하기 위해 서로를 필요로 한다. 그리고 더 이상 국가와 자본 앞에 고개를 숙이지 않겠다고, 너희들 없이 삶을 살겠다고 선언할 수 있도록 만드는 것은 바로 연대이다.

크로포트킨은 고향에서 쓸쓸하게 죽음을 맞이했지만 그의 죽음을 애도하는 행렬은 모스크바로 길게 이어졌다. 자본주의와 사회주의의 대결 속에서 아나키즘은 조금씩 잊혔지만 다른 세상을 기다리지 않고 지금 살려는 사람들은 1968년의 68혁명이나 2011년의 오큐파이 운동 등에서 계속 등장했다. 크로포트킨은 그런 사람들의 이론가나 지도자가 아니라, 함께 살자며 손을 잡는 동료로서 지금 우리 곁에 살아 있다.

청년에게 고함

Aux Jeunes Gens

P. A. 크로포트킨 지음 | 홍세화 옮김 | 하승우 해설

2014년 6월 25일 처음 찍음 | 2021년 6월 20일 두 번 찍음
펴낸곳 도서출판 낮은산
펴낸이 정광호 | 편집 정우진 | 제작 정호영 | 디자인 박대성
출판 등록 2000년 7월 19일 제10-2015호
주소 04048 서울시 마포구 어울마당로5길 16 반석빌딩 3층
전화 (02)335-7365(편집), (02)335-7362(영업) | 팩스 (02)335-7380
홈페이지 www.littlemt.com | 이메일 littlemt2001hr@gmail.com
트위터 @littlemt2001hr
인쇄·제판·제본 상지사 P&B

ISBN 979-11-5525-020-4 03300

이 도서의 국립중앙도서관 출판예정도서목록(CIP)은 서지정보유통지원시스템
홈페이지(http://seoji.nl.go.kr)와 국가자료공동목록시스템(http://www.nl.go.
kr/kolisnet)에서 이용하실 수 있습니다. (CIP제어번호 : CIP2014018358)